瓷心一片

張錯 著

藝術家

目錄

目　錄　瓷心一片

擊壤以歌・埏埴為器

陶瓷在物質文化的發展宏觀

　　這就顯示了我們的研究，必須從實際出發，並注意它的全面性和整體性，明白生產工具在變，生產關係在變，生產方法也在變，一切生產品質式樣在變，隨同這種種形成的社會也在變。這就是它的發展性。又如裝飾花紋，一個時代有一個時代的風格；反映到漆器上是這個花紋，反映到陶器、銅器、絲綢，都相差不多……至於一個文學教授，甚至一個史學教授，照近五十年過去習慣，就並不覺得必須注意文字以外從地下挖出的，或紙上、絹上、牆壁上、畫的、刻的、印的，以及在目下還有人手中使用著的東東西西，儘管討論研究的恰好就是那些東東西西。　── 沈從文，〈文史研究必須結合文物〉（原載《光明日報》，1954年10月3日），《花花朵朵・罈罈罐罐》，江蘇美術出版社，2002，頁14。

由陶到瓷

　　日出而作，日入而息，鑿井而飲，耕田而食，帝力於我何有哉？

──「擊壤歌」《帝王世紀》

　　上古唐堯之世流傳的「擊壤歌」，就是勞動人民及泥土的歌，不論是否出自偽書，人民朝出夕歸，自食其力，擊壤而歌，無愧於天地。壤土是質地介於砂土與黏土之間的土壤，擊壤，就是用棒石擊土混凝泥砂，來做牆壁土塊的堅固夯土。張光直在《美術、神話與祭祀》（*Art, Myth and Ritual*, Harvard, 1983）一書內敘及始祖血緣神話時，引用《詩經》〈綿〉內的亶父最初簡陋居所，是「陶復陶穴，未有家室」；後來父系「宗族分枝」（lineage segmentation）制度開始，亶父走馬闊疆，到了岐山，求神問卜「曰止曰時，築室於茲」，遂築土為牆「百堵皆興，鼛鼓弗勝」，建立宗廟。

　　就是這種與泥土為伍長期生活經驗的學習實踐，先民早在新石器時代便生

產出美麗的彩色陶器。「彩陶」的出現，代表了兩方面成就。第一是自泥溶於水中體驗到焙燒後的乾土較為堅硬，再自泥土選取可塑性高的黏土製造器皿；第二是利用顏料色彩描繪紋飾，發揮對現實周圍環境的模擬，甚至超自然神祇的想像。「帝力於我何有哉」就是匠人自由創作環境與想像飛揚的吶喊。在低溫攝氏 700 度以下燒成的水器及烹飪器，成為日常生活器具必需品。

陶器轉盤尚未發明前，許多陶胎製成都採用「盤築法」，用手搓揉成一條條胎土一圈圈的盤築上去，再用手工把器裡外抹修平滑。後期新石器已有轉動輪盤，陶器多採輪製或範製，但許多大罈大罐歷代依舊採用「盤築法」手工製造。因此手藝，依然是陶藝做胎及上釉的基本功。

彩陶進化重要的一環是胎土改良，除了赭紅陶泥，後來還能淘洗出白淨胎泥燒成潔白的「白陶」。或是以黑泥做胎，燒成胎質堅薄的「黑陶」。這些陶器隨著青銅時代成長，相輔相成，青銅厚重，多用作祭祀禮器，烹飪方面，依舊銅陶並重，因而陶器外型，商周兩代，均與銅器做型息息相關，陶製器皿，亦包括鼎、尊、簋、簠、甗、碗、盤、瓶、甕、罐、豆等。春秋戰國比西周進步許多，同時私心「顛覆」（transgress）周室，不服正統，差生「離心」（centrifugal）傾向，除九鼎九簋僭越製造外，其他漆、陶藝術多強調地方風格，南方吳越、楚地尤然。陶器紋飾，彩繪外還包括陶胚未乾時壓出各種經緯交織、蓆型壓花的暗紋陶器、另外又設計有精美的幾何印紋陶。

也就是說，這些器具的產生，除了提供民生用途，還隱含深遠龐大的文化歷史意義，工匠只是巧手，在他們背後還有許多宗教、藝術、歷史與文學質素，企圖藉器物呈現（to denote）要表達的內涵（connotation）。每一朝代都有它的圖騰與政治文化強調的思維（今天叫意識形態），經常反映在物質或視覺文化。物，不再單純是物，埏埴為器，便有了它的用途與蘊含或延伸意義。

但是陶器只是一般黏土拌細砂烘燒而成，陶土間毛孔滲水力強，容易滲漏，更兼表面粗糙，黏污性強，清洗不易。春秋戰國入漢一度流行木製漆器，光滑亮麗，紋飾絢美，雖能防水，然作飲器尚可，用作食器久後依舊漆泥脫落，不堪耐用。

瓷器產生於漢代（也有說商、周已有原始瓷），自陶入瓷，更上層樓。關鍵在於釉藥發明與高溫燒製。把一層玻璃質釉料塗在胚胎上，再用高達攝氏 1200 度以上的高溫燒製，就成為能抗滲水、不透氣、釉面光滑的瓷器。戰國入漢（所謂「秦磚漢瓦」），採用的玻璃釉料，有說自西域傳入，有說中國發明，然出土漢朝玻璃珠子卻是不爭事實。中國大陸自 1950 年代不斷出土晚周及漢代大量玻璃實物，已可斷證戰國時代自產玻璃。玻璃釉料與草木灰釉混用，把漢代原始瓷帶向綠色的「原始青瓷」，也帶給後來其他氧化金屬釉料如鐵、鉛、錳、鈷發展的新紀元。

成瓷最大的因素還是揉用與一般黏土不同的高嶺土及瓷石，西方人也認識到及尊稱為「kaolin or china clay」（R.L. Hobson, *Handbook of the Pottery & Porcelain of the Far East*, British Museum, 1948）。高嶺土是一種含有長石質岩風化而成的瓷土，含有高量氧化鋁及氧化硅。高嶺土的胚胎在高溫燃燒下，會產生「莫來石」（mullite）結晶的新物質，那是一種鋁硅酸鹽在高溫演變而成的礦物體，在質的變化中，把胎體燒結（可參考李知宴《中國陶瓷文化史》，台北：文津，1996，頁86-87）。

景德鎮瓷器能夠達到「白如玉，明如鏡，薄如紙，聲如磬」，就是因為高嶺土的莫來石質地能在高溫燒結後，依然保持瓷器的硬度與強度，即使薄胎，也不變形或迸裂，更能在燃燒中的「氧化氣氛」或「還原氣氛」中（參閱本書104頁）操縱釉色變化，即使大量燒製，損壞率不高，瓷身堅薄，釉色理想，這是中國瓷藝的驕傲成就，西方無法比擬。

高嶺土的雪白胚胎更便於未施釉前素燒，以便加強胚體強度施釉加工，效果更好。入清以後許多素胎均自景德鎮燒好後送入京師，再由大內巧匠加以描繪，其畫面之精美，不輸筆墨畫作。

如釉含氧化鐵，燒後會呈青綠色。漢、魏晉六朝開始了陶瓷器青色系列「青的傳統」，在浙江紹興、上虞一帶，歷代生產這類別名縹瓷、越窯、祕色、龍泉的「青瓷」。漢代低溫綠釉加含氧化鉛，墓葬久後長達千年受地下水的潮氣侵蓋，鉛釉產生土化作用，會析出一層乳濁有如銀粉光澤晶粒在渾厚綠

釉上，稱為銀光。這是鑑識漢代綠陶的基本知識。銀光光澤純正凝厚，不像後世仿品閃爍賊光。漢代金屬釉料在應用上承前啟後，陶俑、碉堡、人馬犬豕，不輸秦兵馬俑，更奠下豐厚的技術基礎給後世的唐三彩明器與明清彩瓷。

陶瓷盛世：青、白系列

唐代浙江餘姚上林湖的越窯，以高嶺土、瓷石做胚胎，質地細薄，釉色青翠晶瑩，類玉更翠綠於玉，似冰猶晶亮於冰，發展入晚唐五代南方的吳越國，其進貢大宋的祕色瓷更有千峰翠色之稱。陝西銅川黃堡鎮的耀州瓷，橄欖碧綠，自唐入宋，盛極不衰。

漢魏六朝是瓷器的成長發展期，已能在白胎白釉的條件下燒出白瓷。能夠把胎釉的鐵質成分提煉出去，而呈純白，極是不易。到了隋唐帝國，太平盛世，手工業發達，文化質素提升，巧匠屢出，窯址遍國。瓷器大量生產，飲食器皿，除了貴族專用豪奢的金、銀、銅器具，西安隋代李靜訓墓、安陽隋代張盛墓出土的白釉罐與白釉雙螭尊，均冰清玉潔，淨白無瑕。

唐代河北內丘邢窯白瓷一出，李肇《國史補》內載「內丘白瓷甌，端溪紫石硯，天下無貴賤，通用之」。南青北白，頓成兩大格局。陸羽品茶尚青瓷，《茶經》內謂：「碗，邢不如越」。然邢窯後成貢瓷，有大盈庫「盈」字下款，就是專為唐代大明宮內大盈庫燒造的瓷器。

1998 年，東南亞印尼爪哇海峽勿里洞島水域發現一艘阿拉伯沉船「黑石號」，海撈出中國唐代瓷器、金銀器及銅鏡等共六萬多件，其中長沙窯碗盞無數，另有白釉碗及白釉綠彩瓷盤，下款分別刻有「盈」字及「進奉」，可能這艘沉船乘搭有中東來華使節，在回航中攜帶大唐皇室回饋的國禮，不幸歸途沉沒。足見邢瓷的珍貴地位。

唐代白碗，最有名的文學見證，就是杜甫〈又於韋處乞大邑瓷碗〉，詩曰：

大邑燒瓷輕且堅，扣如哀玉錦城傳
君家白碗勝霜雪，急送茅齋也可憐

如詩所云，這類白瓷輕堅、音脆、雪白，可謂聲色質皆全，怪不得詩人情急要韋氏急送茅齋了。

宋代河北定州的定窯白瓷更名列天下五大名窯，白釉呈乳黃光色，白中泛黃，世稱牙白。其通體施釉細膩，質薄帶光澤，有若膚之凝脂，白淨之美，無與倫比，紋飾有劃花、刻花、印花，多以牡丹、萱草、飛鳳三種，造式工巧。

及至景德鎮燒出白中顯青，青中泛白的影青瓷，「瑩縝如玉」的「青」方與「如玉如冰」的「白」相影成趣。但白釉瓷要到明朝永樂、宣德燒出溫潤如玉、甜如白糖的「甜白」，汁水瑩厚如堆脂，光潤似羊脂美玉，方臻最高境界。

清代福建德化白瓷大放異彩，自成一格，無論外貿內銷，均能在青花、粉彩同儕間佔一席位。近年西方對中國白瓷研究，Dehua（德化）為一大類，德化名家巧匠又能在雕塑獨異其趣，菩薩羅漢，神態栩生，令人動容虔敬。

黑的傳統

因為茶色尚白，宋人茶具多用建盞，那就是建州窯所燒製的黑釉盞碗。茶白碗黑，格外分明。盞碗特徵為口沿外翻闊開，俗稱敞口。腹壁斜直向下收斂，腹大底小，有如一頂仰天斗笠，所以有時也稱笠碗。黑色建盞的造型設計，除了與茶色黑白分明外，在敞口下面塑成稍凹的碗口，皆是讓人飲用（唇與碗接觸）及捧用（雙手食指伸出圍捧）方便。而碗底收窄，更益增其凝聚的穩固度。這種侈口外敞設計，又以定窯劃花、印花白色茶盞最多。

然定盞覆燒，碗緣帶芒口，瓷質堅薄，所以多鑲鎏金、銀或銅邊圈，又稱烏金，以作保護及裝飾。名貴的建窯黑碗口，也鑲烏金，而且胚胎厚實，釉色豐盈，淋漓欲滴，黑金相映，極為豔亮。

建窯位在福建省建陽縣的水吉鎮，自殘唐五代開燒，歷宋元明清四代不衰。其中尤以黑釉燒成的「兔毫」及「油滴」碗盞最為有名。觀其前者，名為兔毛，實指其在碗內外，密布短撇如細毛的黃褐色條紋結晶釉，舖陳在黑釉碗

上，有如鐵鏽斑斕。由於胚土含氧化鐵高達 9%，加上釉料呈色控制及窯內高溫火焰處理，釉質流竄，便會燒出（或析出）如兔毛四散的條紋結晶體，有時褐棕如簇，有時銀光四散，在黑漆釉碗，猶似一場夜晚天空的流星雨。

這種以黑地呈現褐釉細條紋結晶，有時亦可燒出「油滴」、「鷓鴣」或「玳瑁」等粒滴或塊狀花斑窯變。油滴斑的呈現，窯火高溫要求非常嚴格，要在攝氏 1300 度時，不能過高或低，飽含赤鐵礦質的釉料便會脫氧，形成小氣泡，向上浮升，再互相集結成一顆顆的較大氣泡。氣泡在高溫破裂，然後凝結成有如油滴般的銀灰色結晶體小圓斑點，遍佈在黑釉碗上，有如黑夜裡滿天亮晶晶的星星。

東瀛人趨之若鶩，據聞乃來華求法的日本僧人自建安天目山攜回，世稱「天目碗」（Temmoku），後來也成為一般建盞通稱。其實福建沒有天目山，天目山橫跨浙江、安徽兩省，為香火鼎盛佛教聖地，但當地沒有窯址。所以合理推斷，就是日本僧人在天目山求道時帶回日本的建窯茶碗，或是在中國學得燒取黑釉建盞的天目山僧人，回日本後，倣燒此類建碗而名之謂天目碗。

彩色家族

所謂彩色包括單色及複彩，有時通稱為顏色釉。中國釉色發展隱現兩種力量互為表裡，那就是單色與複彩的爭輝。南唐以降，宋人儒雅澹淡，山水絹畫，范寬、荊浩、郭熙等開山祖師，均能把雄渾山水自然（the sublime），與人合而為一。單色瓷器入宋，登峰造極，無與爭鋒。汝的純靜、定的潔貞、官的雍雅、鈞的濃豔、哥的細緻，皆使千器沉醉，甘願染燒。

唐三彩、遼三彩，到唐代釉下彩繪的長沙窯，可謂彩墨抒情，野趣橫生，為複彩帶來無限生機。然釉上彩的唐三彩帶鉛鈷，白胎鬆輕，做明器陶俑或裝飾尚可，實用性不強。釉下彩繪的長沙窯異軍特出，彩繪上另罩一層保護釉，不易脫落，因而可作生活碗盞水酒罐瓶之用，更能在唐草與西域異國情緒的紋飾彩繪或貼花中，外銷東南亞及西域伊斯蘭國家。宋遼間的「磁州窯」亦有筆

繪彩料於釉上而燒成「紅綠」彩瓷，惟因戰亂不安，民窯筆拙，格調不高，難成大器。

青花一出，有若變天。元代在景德鎮設浮梁局為一重要關鍵，如前所述，景德鎮能以高嶺土及瓷石（所謂「二元配方」）燒出「白如玉，明如鏡，薄如紙，聲如磬」的瓷器，提高溫度，減少大型堅薄器物在燒製中變形，燒出大型盤罐瓶碗的青花、釉裡紅、紅釉、藍釉、樞府、卵白等瓷器，那是顏色釉的勝利，明顯表現工匠熟練掌握了呈色劑的特色，走出前人如冰如玉的青、白格局，進入一個彩色繽紛世界。

青花自元代始（尤其至正年青花瓷在當今土耳其與伊朗等地所顯示的證據）清麗素雅、明靜朗亮，色相自不待言，無論白地藍花或藍地白花（西方僅稱 blue and white），紋飾無論花卉魚龍、隔水兩岸，皆讓西方傾心仰慕，仿製直至今天。中國以 China 為國名，名副其實。至於民窯青花山水人物風格、野趣橫生，外貿瓷分組開光紋飾的克拉克，釉上彩的雍容華貴、金粉紅妝的伊萬里，琳瑯滿目。

明清兩代，彩瓷到了極致，風姿綽約，婀娜嬌媚。明人入世，雅好賞物，文房四寶、書齋園林，皆是雅賞之物。明代文人畫家，浙派戴進，吳門沈周、文徵明、唐寅、仇英，皆能惜時（carpe diem）賞物。明代彩瓷另是一種奇豔風采，自是意料中事。但如無元代青白或成化薄胎白瓷做底描繪，便無明代分別用釉上彩、釉下彩描繪燒製出來的鬥彩、五彩或是晚明的素三彩。

琺華是自琉璃釉料發展出來的一種陶胎（earthenware）或瓷胎（porcelain）琉璃彩器。由此可知，琺華因含晶亮半透明的琉璃琺瑯（enamel），更兼填塗彩釉，與琺瑯彩瓷的技術處理，亦緊密銜接。因名琺華，可見其與琺瑯有關，與景泰藍（cloisonne）的掐絲填琺瑯極端相似。

清三代的琺瑯彩瓷（cloisonné enamel ware），是用中國前所未用的硼酸鹽和硅酸鹽、玻璃粉等化合熔製而成不透明（opaque）或半透明（semi-translucent）光澤物質，加上不同氧化金屬氧化銻、氧化鉛等，形成各類色彩。

此外，利用含砷、硅不透明乳白的玻璃白，再配以其他天然礦石、硝酸鉀

及鉛塊熔劑，能使色彩柔和軟化，加配彩色繽紛的琺瑯，就能燒出千嬌百媚的粉彩，西方用法語稱為 famille rose （「紅彩家族」rose family）。

彩瓷之中又有紅的系列，康熙年間郎廷極的「郎窯紅」就是仿明宣德「寶石紅」（ruby red-glazed）鮮紅釉所製成的新瓷，使一度中斷長達二百年的紅釉瓷器重出江湖。

氧化銅釉在高溫還原氣氛下四處流竄、千變萬化，呈成出銅紅與銅綠二色暈散交雜，有如春天桃花初綻，桃紅葉綠，深淺不同的深紅、淺紅、淡紅、粉紅、旭紅、霞紅的朦朧顏色與紅綠苔痕斑點。這就是有名的「豇豆紅」了。也是由於賞物傳承，豇豆紅器體積不大，多為水注、水瓶、印盒之類。其他低溫紅釉如以鐵為著色劑便能燒出「礬紅」（rouge de fer, iron red glazed）、「珊瑚紅」釉器。以金為著色劑便能燒出有如牡丹絕色的「胭脂紅」，尤以雍正時最嬌豔。

後語

中國陶瓷史不應只是藝術發展史，它更應是文化發展史，甚至是中外交通貿易發展史。一般處理陶瓷發展，多以史觀物，以何朝代有何代表陶瓷器物。其實哪有如此脈絡分明、乾淨俐落？每個朝代的物質文化（material culture），多是上下相承、拖泥帶水，互相牽涉。因此相反而言，如以物觀史，不問歷史如何有物，而問此物如何呈現歷史意義及其文化、藝術、文學中的位置，也許更能表現物的外型景觀（visual aspects）與內涵蘊義。

因此我們不需從一到十，順序把器物以垂直線歷史性的發展「歷時」（diachronic）寫出或閱讀。相反，如器物能在水平線「並時」（synchronic）文本內專注於某一器物在某一時代的特性（particularity）與通性（generality），便能瓷心一片，透澈玲瓏。

青白如君·縝瑩似玉
宋元青白瓷

　　青白瓷崛起，代表著瓷器一種特色發展的成果。

　　春秋戰國入漢以來，對白、青二色本有偏愛；孔子回答子夏，「巧笑倩兮，美目盼兮，素以為絢兮」，以「繪事後素」，就是喻指繪畫未下彩時所用的白色繪素或粉地，是為主色，那是一種原始的清麗，素以為絢。商鞅白衣卿相，入秦變法圖強，風度翩翩，顒顒卬卬，瀟灑儒雅，在秦人五行獨尊水德「衣服旄旌節旗皆正黑」的玄色中，格外醒目顯眼。

　　漢晉時期，流行澹淡無為的人生哲理，民間衣服主色（dominant color）為青綠。這種傾向一直維持入唐宋，甚至成為官吏服飾流行顏色。唐詩內青衫之句無數，出名例子當是白居易〈琵琶行〉裡最後兩行──「座中泣下誰最多，江州司馬青衫濕」。

　　中華民族對玉尤具厚愛，唯一能與青銅時代並行發展的古代禮器飾物就是玉器，玉中青白之色極為素淨

宋代青白執壺（東南亞沉船海撈），海底千年，晶瑩稍斂，不掩秀麗。

雅麗。陶瓷南青北白，均常以釉色比作玉色。南方青瓷自越窯到龍泉、祕色、或耀州，皆有美玉質感，真是千峰翠色，瓷質青玉。白瓷發展也不遑多讓，隋唐五代，河北邢窯、曲陽窯，河南鞏縣窯，均能燒出色澤晶瑩玻璃質感的白釉層，許多精細潔白的花口碗盞，均常以「盈」字的邢窯稱勝，進一步帶入輕薄精緻、潔白無瑕，北宋五大名窯的定窯。

宋青白花口盞（本頁圖）

但是青者自青，白者自白，青瓷白瓷彼此涇渭分明，一直要到宋代景德鎮青白瓷出現，方才青中顯白，白裡影青，透光見影，青白淡雅，因而「青白」又名「影青」。景德鎮地處饒州，青白一度被稱為「饒玉」。《禮記聘義》載孔子曰：「昔者君子比德於玉焉。溫潤而澤，仁也」。真是青白如君，縝瑩似玉。

　　許多人曾追究青白瓷起源自唐代，主要來自清代藍浦所著《景德鎮陶錄》內提到兩處唐窯，一處陶窯用白壤燒出白瓷賣入關中、後為貢品稱「假玉器」。另一霍窯亦製出縝瑩如玉的素淨青白瓷。但近數十年來國內考古單位在景德鎮發掘均未見唐代窯址，青白瓷最早僅能推至殘唐五代，而大盛於宋元、沒落消沉於明朝青花瓷。

宋青白瓜棱執壺，瓜棱線條壺器自唐宋入明清，盛極一時。

　　然而青白晶瑩素潤的釉色，為元、明青花底色鋪路功不可沒，青出於藍，我們甚至可以說沒有青白，就沒有青花。青白釉色雖介乎青白二色，整體而言，多數器皿的呈色，隱約間白顯則青隱，青顯則白隱，互為表裡，生死不渝。而所謂青，常掩影著一抹如汝窯或龍泉粉青的淺藍（西方常呼 Qingbai 之餘，亦多譯作 bluish white），令人一見傾情，陶醉不已。

　　宋元青白，生活器具有執壺（東南亞沉船海撈亦面世不少）、玉壺春、注子、碗盞、印花盒子等，更因燒出有如玉器白裡透青的玉質感，宋代青白玉枕、元代青白觀音菩薩，都是青白瓷的佼佼代表作，元代青白，更進一步影響到後來跟進的德化白瓷。

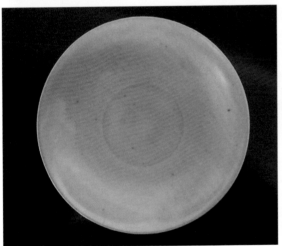
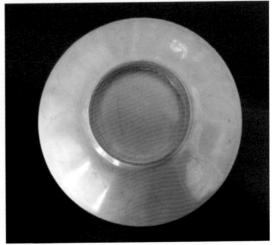

大都會博物館收藏有南宋青白「美人倚臥嬰戲荷葉靠枕」，其造型高尚雅緻，釉色柔和細膩，也許李清照當年半夜涼初透所枕的，正是靠枕。（上圖）
宋青白碗（下二圖）

　　青白玉枕，時人多會聯想起易安居士〈醉花陰〉詞內的「佳節又重陽，玉枕紗櫥，半夜涼初透」。其實玉枕不見得宋代才有，唐代王昌齡「熏籠玉枕無顏色，臥聽南宮清漏長」、王維「玉枕雙文簟，金盤五色瓜」、皮日休「玉

波士頓美術館收藏的北宋青白「猛獅靠枕」，獅獸造型兇猛憨愛，辟邪之餘，安然倚靠，用意極佳。

枕寐不足，宮花空觸簪」等人詩中玉枕，處處皆是。雖是如此，但瓷器枕有二種，一是普通長方型或其他不規則形狀渾然一體的「枕頭」（pillow），另種卻是枕面（頭）與枕台分為兩部分構成的「靠枕」（headrest），枕台盡呈雕塑之美。目前出土及收藏的宋代青白玉枕多是靠枕（磁州窯枕亦多此類），美國大都會博物館收藏有南宋青白瓷「美人倚臥嬰戲荷葉靠枕」，但見枕台有盤梳髮髻長袍美人垂目左側倚臥，屈左肘托腦後，並以前額及右手乘接荷葉枕頭。枕面牡丹藤蔓纏繞，嬰戲其上。其造型高尚雅緻，釉色柔和細膩，也許李清照當年半夜涼初透所枕的，正是靠枕。1976年南韓新安木浦市打撈的元代沉

北京故宮亦有青白「雙獅滾戲靠枕」，張牙舞爪，忒是可愛。

船4千813件青白瓷（含卵白）內亦有青白靠枕，惜有殘缺。

其他出色青白靠枕尚有波士頓美術館收藏的北宋青白「猛獅靠枕」，獅獸做型兇猛憨愛，辟邪之餘，安然倚靠，用意極佳。相映成趣，北平故宮亦有青白「雙獅滾戲靠枕」，張牙舞爪，忒是可愛。

山西大同市博物館的元代青白「廣寒宮靠枕」，以透雕建築方式呈現人物樓閣之美，這類以建築瓷塑結合的建築枕，將枕座雕鏤成大殿或戲台，又以安徽岳西出土的元代青白「大殿人物」最具代表。

元人喜白，元代青白觀音菩薩，纓絡貫體，法相雅麗莊嚴。歷代戰禍流

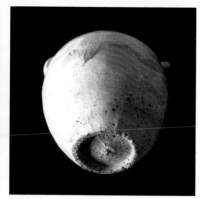

元代青白「大殿人物靠枕」，以透雕建築方式呈現人物樓閣之美。（上圖）
北宋小型青白水注，一抹碧翠。（左下圖）
許多小型青白如水注、碗盞底黃泥圈足均有黑褐斑點，有時可供鑑證用。（右下圖）

徙，保存不易，西方博物館許多佛像，尤其前臂掌指部位，常見折斷；北京首
都博物館的元代青白坐像觀音，最為完美無缺。

因為宋代燒製青白的瓷泥墊餅含鐵量高，許多小型青白如水注、碗盞底黃
泥圈足均有黑褐斑點，有時可供鑑證用。

北京首都博物館的元代青白坐像觀音

純白追尋
德化白瓷

陶瓷種類的崛起流行，此起彼落，就像文學史的文類興敝，詩經而楚辭，五言而律絕，連綿不絕，彼此影響，互相重疊。也像唐人傳奇演變入宋明話本及清人筆記小說，白瓷在陶瓷史的純白追尋，自隋唐邢窯起，大成於宋代定窯及青白瓷，再轉入明朝永樂的甜白，拔尖巔峰於明末清初三代德化白瓷。

西方稱德化瓷為法文 Blanc de Chine，就特別指定德化地區（Dehua）獨具一格的白瓷（white porcelain），無形中也釐定了它的分類（taxonomy）風格、地域與年代。德化縣在福建省戴雲山麓，為南方重要陶瓷產地及外貿瓷供應外銷，與江西景德鎮及湖南醴陵一度被稱為中國三大瓷都。

瓷都基本條件有四：林木、水源、瓷土及交通。德化四美皆具，

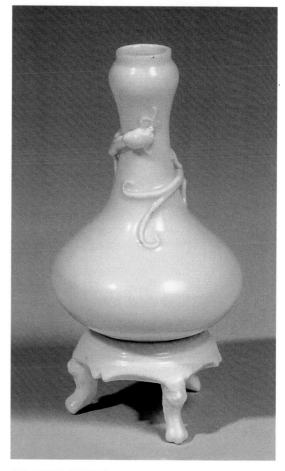

德化白瓷帶座蟠螭蒜頭瓶　Koger Collection

德化白瓷西式鑲銀茶壺　Koger Collection

戴雲山脈巒嶂重疊，林木充沛，溪流四佈，水力帶動水車以石碓錘鍊瓷泥，礦場亦多高嶺土，胎壁遂能堅薄，真是得天獨厚。德化附近的永春縣城為瓷器外銷集散轉運站，自永春轉運入「萬國商埠」泉州港或廈門港。萬國商旅的泉州，就是馬可孛羅《遊記》內提及一度造訪的「刺桐」（Zayton）。另一條路線則自德化北上，從福州出口外銷。

　　後期荷蘭東印度公司（VOC）大批船艘自泉、漳二州購買成千上萬的青花、白瓷轉運回歐洲。近年東南亞海域撈獲的沉船瓷器，譬如拍賣會的「頭頓船貨」（Vung Tau Cargo）、「德星船貨」（Tek Sing Treasures，德化縣於西元2000 年在德國 Stuttgart 的 Nagel 拍賣會標購回其中 72 件青花民窯瓷）、「平順

德化道光年民窯青花盤（上圖）
德化道光年民窯青花盤底有「合玉」底款（下圖）

船貨」（Binh Thuan Shipwreck），就有許多明清兩代出自德化及泉漳附近窯址的青白瓷、白瓷、克拉克瓷和青花瓷，其中「德星船貨」白瓷最多，「平順船貨」則以克拉克青花瓷見勝，惜多胎厚。

德化白瓷（尤其人物塑像）常有工匠如明嘉靖萬曆年間的何朝宗、陳偉、張壽山、林朝景或清代何朝春等名家印章落款刻印、商號堂款或紀年款（像宜興陶器或石灣陶塑），外國學者柯玫瑰、John Ayers、何翠媚、郭勤遜等人均依此著力追尋其製作年代及來源產地（Rose Kerr & John Ayers, *Blanc de Chine: Porcelain from Dehua, A Catalog of the Hickley Collection*, Singapore, 2002）。美國紐約華美協進會藝廊（China Institute Gallery）於 2002 年展覽德化白瓷，亦出版有 John Ayers 的 *Blanc de Chine: Divine Images in Porcelain*。

收藏家則以 Patrick J.Donnelly、Frank and Pamela Hickley、Ira and Nancy Koger、Robert H. Bloomenfield 等人的收藏最為完備豐碩，他們因為收藏興趣，日久自成專家，不遜一般藝術史學者。譬如 P. J. Donnelly 早在 1969 年便已出版 *Blanc de Chine: The Porcelain of Tehua in Fukien* 一書。洛杉磯地產發展商 Robert H. Bloomenfield 更是多年不鍥不捨，直追德化原址，寫成 *Blanc de Chine: The Great Porcelain of Dehua*（2002），屬較近期的英文參考資料。他們許多藏品後來均分別捐贈當地博物館，例如 Donnelly 出道最早，他與 Hickley 夫婦自殖民時期即僑居新加坡，一

明永樂甜白執壺

生不懈收購研習，搜購過程中彼此尊重、暗中較勁，極是有趣。

德化白瓷自青白、甜白脫胎而成，除日用器皿，主題方面還有民俗工藝傾向極強的宗教神佛雕塑，因此其中一項特色，就是人物雕塑。雖是模製加工大量生產，依然細緻秀雅，胎釉渾成一體。譬如何朝宗雕塑的白瓷達摩踏浪，一葦渡江，袍袂飄拂，流轉自如，表情刻劃，苦行莊嚴，生動傳神。此外何雕塑的坐蓮觀音，雖以普通女子形像為模本，但豐腴圓潤，刀法精細洗鍊，眉目神

清德化白瓷觀音，許雲麟製。

情之間，慈悲寧靜。何朝宗傳世有「觀音坐像」，座下有印款及己未年（1619）字，亦即明萬曆年間，故知何為明萬曆末年人物。

自釉色而言，德化有甜白的晶瑩潤白，也有定窯微帶暗黃的象牙白，光澤亮麗猶有過之。它的純白光色，與青白瓷不相伯仲，乳白純淨滑膩，瑩透如玉，釉面滋潤似脂，又有豬油白或油脂白之稱。

它能躋身外貿瓷群中與景德鎮青花瓷併肩稱雄西方，絕非偶然。西方各國經常指定外貿瓷製作西方式茶具餐具，上有族徽（coat of arms）、家姓、徽章式排列（Fitzhugh）或國徽如鷹獅等，多以德化白瓷為底色，鮮豔亮麗。另一種現象，就是荷蘭瓷商以製成的純白德化瓷，在上面加工繪成日本柿右衛門（Kakiemon）彩瓷。

當年催生德國麥森（Meissen）青花印花瓷製作的18世紀奧古斯都二世強者（Augustus the Strong）在位其間，這位薩克森（Saxony）選侯（Elector）兼波蘭國王是德國歷史最具傳奇色彩帝王之一，他在1743年於德國東部薩克森建立了美麗而深具文化藝術與建築內涵的德勒斯登（Dresden）城首都，儘是巴洛克宮殿，朝中也不少樂師藝人。可惜德勒斯登另一慘痛回憶就是第二次世界大戰快要結束時的1945年，被盟軍連續兩晝夜地毯式轟炸及投擲燃燒彈，缺氧或被焚燒死亡的居民高達十三萬人（可參閱馮內果（Kurt Vonnegut）小說《第五號屠宰場》（Slaughterhouse-Five）開首作者敍述如何建構這部小說，以及主角 Billy Pilgrim 當年以美軍戰俘身份在盟軍轟炸中躲在德勒斯登屠宰場內的冰凍櫃內，倖免於難）。

何朝宗「達摩」（北京故宮博物院），一葦渡江，袍袂飄拂，流轉自如，表情刻劃，苦行莊嚴，生動傳神。

　　奧古斯都偏愛瓷器成癖，搜集了全世界精美陶瓷，當然也少不了中國瓷器，據說收集的東方瓷器高達 2 萬件。在德勒斯登「茨溫格宮」Zwinger 的日本殿，除了許多麥森特別燒製的大型鳥獸動物瓷器，還陳列著不少日本有田燒（伊萬里），中國青花瓷及德化彩繪人物白瓷。由此可見，中、日兩國外貿瓷如青花、德化、伊萬里、柿右衛門

何朝宗「觀音坐像」座下有印款及字：明萬曆己未年。紐約私人收藏，雖以普通女子形像為模本，但豐腴圓潤，刀法精細洗鍊，眉目神情之間，慈悲寧靜。（右二圖）

等窯器圖案設計，影響了歐洲名瓷設計觀念，甚至被抄用。

宋元瓷器隨着海外貿易「海上絲路」，大量遠銷東亞、東南亞、中東以及歐洲等國。德化瓷本是民窯，明代雖有短暫海禁，未能抑止外商要求。此種現象，學者多喜引用吳仁敬，辛安潮《中國陶瓷史》（商務印書館，1937年版）內「白建似定窯，無開片，質若乳白之滑膩，宛若象牙，光色如絹，釉水瑩厚，以善製佛像著名，如如來、彌陀、觀世音、菩提、達摩等，皆精品也。明季自寧波流入日本，日本商人，至不惜以萬金購之，足見其精美矣」。其實德化能與景德鎮頡頏並存，部分原因仍是「價廉而式樣不俗」（寂園叟《陶雅》，宣統二年，1910，書貴山房重刊）。曾留學日本的吳仁敬書內所指日人不惜以萬金購之，應是指20世紀初期日人競購明清早期之德化白瓷古董，而非當年外銷的德化外貿瓷能價達萬金之巨。

到了清代，德化外銷民窯青花瓷器更多更盛，圖案生動活潑。許多器物底部款識，有單字、雙字、三字款。不少雙字款第二字均有 ：玉、興、利、盛、珠、源、裕、珍，如「永玉」、「同玉」、「源利」、「來利」、「源興」、「長興」、「順興」、「玉盛」、「玉珠」、「合珍」等字樣，反映了德化外銷的民窯標誌，以及無遠弗屆的蹤跡。

德化瓷是建窯藝術成就與驕傲，白瓷走入現代，盛而不衰。建白瓷的高純白度被評為全國之冠，大師級巧匠也有蘇清河、許興泰、楊劍民等人。蘇清河傳承何朝宗白瓷抒情一脈，素衣觀音鼻如懸膽，「似男者為貴」。又另創造出瑩玉白、瑩玉紅等德化釉色，豐盈潤澤，形神皆備。

Vung Tau 德化白瓷玉璧底碗（左圖）
德化外貿康熙年白瓷玉璧底碗（右圖）

蘇清河素衣象牙白觀音，蘇清河傳承何朝宗白瓷抒情一脈，素衣觀音鼻如懸膽，「似男者為貴」。

唐代「長沙窯」與勿里洞島沉船

南青北白單色瓷的大傳統裡，唐三彩與長沙窯彩繪陶瓷的出現與消失，讓人們一陣錯愕與豔羨，甚至它們的出土也不過是近世紀之事。三彩本為明（冥）器，除陶俑宅院、鎮墓獸、駱駝唐馬、天王力士、文吏胡侍等塑像外，日用器皿的碗盤執壺、杯盞瓶尊等，多屬低溫軟陶，胎體粗鬆，裝飾功用大於實用。

然三彩與長沙窯彩繪陶瓷頗有關連，長沙窯可謂補三彩實用之不足，尤其是盛水瓶罐類。唐三彩出土於河南鞏縣、河北內丘、陝西銅川、四川邛崍等地，成器於盛唐時期，因安史之亂，社會動盪，唐朝國勢衰退，吐蕃趁機佔據河西隴右（甘肅省）之地，但彼此分裂割據，內戰不休，故此西域貿易不能暢順，陸上絲綢之路開始讓步給閩粵江浙一帶海上絲綢之路。

戰亂間工匠大批流徙南遷，也有來到湘中湖南，亦即韋莊〈湘中作〉一詩所謂「楚地不知秦地亂，南人空怪北人多，臣心未肯教遷鼎，天道還應欲止戈。」當年一度風行長安、洛陽的唐三彩彩繪及金銀器、染繪等技術，隨著匠人顛沛流離來到湖南及南方各地，也影響了以青瓷著名的湖南岳州窯（湘陰窯）製作風格。

長沙窯位在長沙附近銅官鎮及石渚湖沿岸，依山林、靠水土，利用山坡地挖築土坑式龍窯燒瓷，燒出青瓷、褐綠兩色的釉下彩、釉上彩，以及在白色化妝土上作多彩斑斕瓷器。更在釉下彩罐壺上題詩作畫，直抒胸臆，拙趣無窮，自成一家招數。

印尼勿里洞島沉船唐代「長沙窯」青釉褐彩碗，碗口緣邊特色有四片豐厚褐釉披覆四面，自是以手持碗而飲時，暗示拇指的橫覆挾點。（上圖）
「長沙窯」青釉褐彩碗底，碗底露胎有粗糙感，常見褚紅或灰白色泥胎底，與胎質含砂不夠精細有關。（下圖）

1934年長沙附近建築地開工，掘出唐墓多座及瓷器，惟當時收藏家多在意漢魏古墓，未加傾注，僅被長沙雅禮書院（Yale in China）任教的科斯（John Hadley Cox）收購了一大批青瓷彩繪瓷帶回美國。科斯就是那個後來購入1942年盜掘出土於長沙子彈庫戰國楚帛書（目前發現最早一件帛書）的美國人，

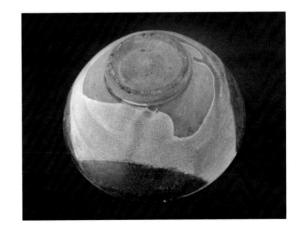

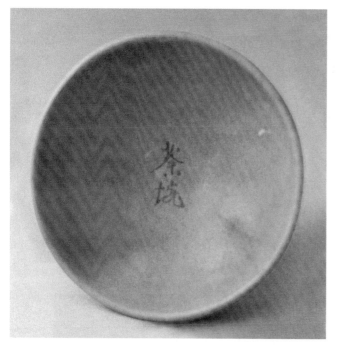

茶（茶）垸，有些茶盞碗寫有「茶盞子」或「茶垸」等字，有些瓷碗寫「湖南道草市石渚盂子有名樊家記」，標明字號商標，證實了這些產品，來自長沙附近石渚湖一帶的石渚窯。

在美國幾經易手現藏於紐約大都會博物館。中國要到 1973 年在原址發掘該楚墓，出土了兩幅最早帛畫。同年年底長沙馬王堆三號漢墓出土了大批帛書，內容大部分是漢朝失傳已久的佚書。

科斯於 1939 年在耶魯大學美術館展出那批長沙瓷器，未受多大注意（同年在耶魯出版有展出目錄 *An Exhibition of Chinese Antiquities from Ch'ang-sha,* Yale University, Gallery of Fine Arts, 1939），但 1950 年代末期香港文物市場已陸續出現岳窯瓷器。更因唐代陸羽《茶經》中品定名窯茶碗時，把岳窯排在第四位：「碗，越州上，鼎州次，婺州次，岳州次，壽州、洪州次。」「越州瓷、岳州瓷皆青，青則益茶，茶作白紅之色。」因而買家多青睞岳州青瓷壺盞。

及到 1956 年人員調查岳州窯時發現了長沙窯，跟著數年間，北京故宮馮先銘、李輝炳等先生首次肯定長沙窯是中國釉下彩瓷的發源地。1964 年重點發掘，釉下彩瓷大量出土近 2 千件，震驚中外古董市場，打破多年青、白單色瓷當道習見，也證實了中國瓷器彩繪藝術，並非來自中東。相反，由於長沙窯的大量生產，價格低廉，引起唐代揚州、廣州一帶波斯胡商的興趣前往銅官鎮、石渚湖訂購。長沙海路交通緣湘江入洞庭，取長江轉江浙港口出海，或自湘江南下桂江入廣州出口，十分方便。觀諸長沙窯壺罐裝飾圖案、器形、模印貼花紋飾如褐斑椰棗、葡萄、舞姬飛天，多為西亞風格，顯為出口伊斯蘭國家而製

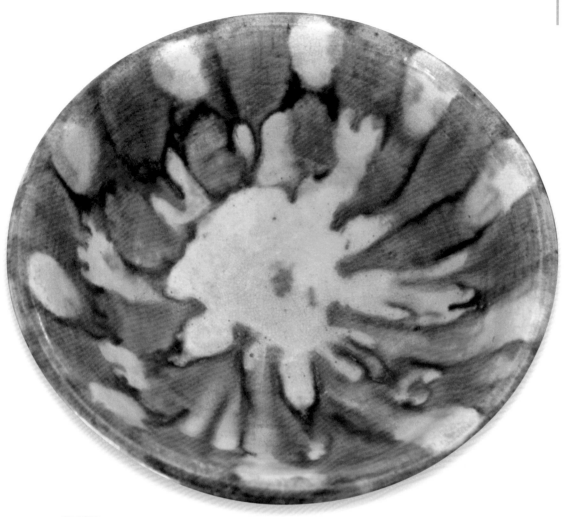

唐三彩碗

造，至是合理。周世榮先生後寫有《石渚長沙窯出土瓷器及有關問題研究》
（文物出版社，1984）。

　　及至唐僖宗黃巢之亂，乾符六年（879年）9月，黃巢賊兵攻克廣州。廣
州是唐朝最大對外貿易港口和重要財賦供應地之一，黃巢軍在廣州大肆濫殺無
辜，據阿布‧賽義德‧哈桑在其《中國印度記聞錄》記載，阿拉伯、波斯等穆
斯林商人和猶太商人被殺者有二十餘萬人；外貿驟然萎縮，長沙窯產量漸少，
更兼窯址附近林木用罄，原料匱乏，後繼無力，因而停燒，遂消失於殘唐五
代，讓宋五大名窯各領風騷。一直要到元末明初，方自東山復起。

長沙窯模印貼花騎馬揮刀褚彩壺

　　長沙窯釉下彩瓷與邢窯白瓷（邢窯於唐代北傳而成定窯）、越窯青瓷一起成為大宗外貿瓷，直銷東南亞及中東伊斯蘭國家。1998 年打撈人員在印尼勿里洞島（Belitung）海岸兩哩深度僅 17 公尺海底，發現一艘被命名為「黑石號」（Batu Hitam）滿載中國陶瓷貨品的阿拉伯古沉船。船名「黑石」，因懷疑該船撞上一塊大黑礁石而沉沒。該獨桅帆船為阿拉伯國家或印度製造的

長沙窯模印貼花椰棗褚彩壺。觀諸長沙窯壺罐裝飾圖案、器形、模印貼花紋飾如褐斑椰棗、葡萄、舞姬飛天，多為西亞風格，顯為出口伊斯蘭國家而製造，至是合理。

「縫板船」（sewn-plank ship），這類用麻繩穿孔在松板縫合船隻在古希臘已有製造，荷馬史詩〈伊利亞德〉（Iliad）內亦記載此種技術。船身木料來自印度，船板連接並無釘子，也非中國式的木樁楔合（pegs），而是在舷板穿孔，再用椰殼纖鬚搓揉而成的繩子緊縛密縫如針線，再用樹脂或魚油在上填蓋，滴水不透。

引起轟動不是這艘方形風帆的縫板沉船，而是船內 6 萬 7 千多件的唐代瓷器及金銀器，其中長沙窯器多達 5 萬 6 千件，以碗盤為主，其他為執壺、杯盤、盒罐、熏爐、油燈、和少量動物瓷塑。資料顯示，沉船瓷器還包括 200 件浙江越窯青瓷，350 件北方白瓷，其中 100 多件為河北邢窯白瓷，其餘 200 多件為河南鞏縣窯白瓷。此外尚有 200 件北方白釉綠彩陶瓷和 700 餘件廣東地方窯口燒製的粗糙青瓷。

成千上萬的海撈瓷器中，有隻長沙窯碗釉下寫有「寶曆二年七月十六日」九字，寶曆二年為唐敬宗年號，即西元 826 年，因而為唐代窯碗，千真萬確。

有些茶盞碗寫有「茶盞子」或「茶琬」等字，有些瓷碗寫「湖南道草市石渚盂子有名樊家記」，標明字號商標，證實了這些產品，來自長沙附近石渚湖一帶的石渚窯。

這些碗盞大都以茶水碗為主，並非酒盞。玉璧底、口微斂、唇邊厚、腹圓收、釉色華麗、諧和清朗、沉重趁手、碗口緣邊特色有四片豐厚褐釉披覆四面，自是以手持碗而飲時，暗示拇指的橫覆挾點。碗底露胎有粗糙感，常見褚紅或灰白色泥胎底，與胎質含砂不夠精細有關。然釉繪唐草捲雲揮繪，筆法老

勿里洞島沉船撈獲的長沙窯碗盞（上圖）
唐五代青瓷蓮花壺　長沙子彈庫出土（左圖）

唐代「長沙窯」與勿里洞島沉船

練，動靜之間，收放自如，工整細膩，自有法度氣派，亦是長沙窯唐瓷與景德鎮宋瓷一個奔放與收斂間巨大的分水嶺標誌。唐草是裝飾紋，最早在日、韓被稱作卷草紋，描繪中亞地區普遍生長的一種蔓藤捲生植物，其枝葉盤曲、莖上有小花，優雅柔美，茂盛吉祥。卷草紋後隨回教國家飾紋興起，南傳北印度揉離以番蓮花再入華，在瓷器中尤其明朝青花極富異國情調。

　　長沙窯停燒於五代，景德鎮窯始於五代，大成於北宋，尤其早期專一燒製青白暗影如玉的青白瓷，其盞胎白似雪、釉潤如玉，雅莊薄堅，與長沙窯碗盞的胎厚彩重，又是不可同日而語了。

飾邊唐草蔓紋，唐草是裝飾紋，最早在日、韓被稱作卷草紋，描繪中亞地區普遍生長的一種蔓藤卷生植物，其枝葉盤曲、莖上有小花，優雅柔美，茂盛吉祥。

長沙有謠·如怨如慕
唐代「長沙窯」的彩繪藝術

　　長沙窯的釉下彩，就是指利用氧化銅、氧化鐵的釉料，在素胚胎上（有時先敷上白色底粉）加以彩繪文字或圖畫，然後在釉上再塗罩一層透明釉或透明綠釉，在攝氏1220度以上的高溫燒出透明釉下的褐彩、綠彩和褐綠彩紋飾。

　　釉下彩是多彩釉料應用上的一種突破。當年唐三彩需要高嶺土的白色素胎土才能燒製呈現的透明白色釉，那是釉上彩的造法，儘管需要兩次程序，首燒素胎，再塗彩釉次燒而成。但釉下彩只需在白色或其他摻有雜色如褚紅等胎土加色，或補一層化妝土後上色，再在釉上塗罩透明釉或透明綠釉便可燒成。

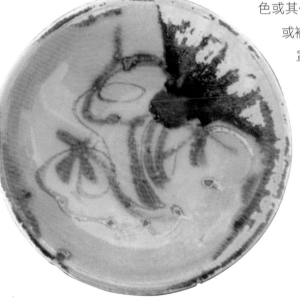

唐長沙碗。因為塗罩透明釉或透明綠釉極為透薄，燒成後和彩釉熔成一片。透明釉有保護作用，雖因碗邊使用釉色脫落，千年後依然光澤亮麗。

青釉褐彩長沙窯唐草雲捲碗，人多以為彩繪文字或圖畫都是釉上繪寫的釉上彩，其實不然，長沙窯大部分均是釉下彩瓷器。

　　因為這層塗罩透明釉或透明綠釉極為透薄，燒成後和彩釉熔成一片，讓人常常錯以為彩繪文字或圖畫都是釉上繪寫的釉上彩，是不對的。長沙窯大部分均是釉下彩瓷器。

　　這些彩繪瓷多以青色透明綠釉下的褐彩繪花、印花、及模印貼花為紋飾，圖案包括禽鳥花草、人物走獸。模印貼花最多為釉下褐斑椰棗紋繫壺、褐斑將軍騎馬壺等。揚州曾出土有青色釉下褐綠彩繪的黃藍釉雙色點彩雙繫罐，罐腹飾以串連珠圈點，組成對稱式的捲雲和蓮花紋飾，是長沙窯釉下彩繪的極致。

釉下彩繪字句也是長沙窯一貫特色風格，瓷上題詩．直抒胸臆，真是另具一格，把詩書畫文人氣息都帶到瓷器上來，千古未有，因為是民窯，村野鄉夫，別具野趣。窯工本身學歷淺薄，僅識文字，繪畫也說不上工筆花鳥。然而直抒胸臆之餘，個性奔放，潑脫淋漓，揮灑自如，令人耳目一新，不似隔水兩岸、山水樓閣的青花外貿瓷那麼拘謹。

以傳統藝術而言，書畫同源，古銅器肇始，鐘鼎尊罍、彝壺簋卣、盤匜鐘鎛之類，皆以金文內配外飾的饕餮蟠螭、夔鳳雷羽或幾何圖案，錯金錯銀之餘，就呈現極佳的書畫視覺效果。及至漢魏銅鏡如尚方博局鏡、日光連弧鏡等外圈均配有小篆銘文。隋唐瑞獸狻猊鏡、海獸葡萄鏡、秦王照膽鏡亦配以楷書五、七絕律唐詩，極為端正秀麗。

長沙窯器色澤明麗、多姿多彩，除了生活用器碗盞壺罐、杯盤盂盒，還有瓷枕燭台、薰爐玩偶。其中體型細小的野獸飛禽陶瓷玩偶或水注非常有趣，還有許多穿三孔的「塤」或哨子（whistle），能發出聲音。這些圓胖嘟嘟的開孔陶偶讓人想起北方葫蘆型的鴿哨，雖然沒有插管，材料也完全不同，發出多種聲音倒有些相似。也就想起九葉詩人杜運燮在 1980 年發表在《詩刊》一期上闖禍的矇矓詩〈秋〉的開頭一句：「連鴿哨也發出成熟的聲音，／過去了，那陣雨喧鬧的夏季。／不再想那嚴峻的悶熱的考驗，／危險游泳中的細節的回憶」，於是被批評家質問這種「令人氣悶的矇矓」：「鴿哨怎麼會成熟呢？」

長沙窯的特色，就是在瓷器釉下彩題字圖繪。題字可分五種：1. 詩歌行句；2. 商家標記，如「鄭家小口，天下第一」、「卞家小口，天下有名」、「陳家美春酒」；3. 器名用途，如「酒盞」、「茶（茶）垸」、「油盒」、「花盒」；4. 陶

長沙窯青釉褐綠彩連珠紋飾壺

揚州出土青色釉下褐綠彩繪的黃藍釉雙色點彩雙繫罐

工或商號標記，如「張」、「龐家」、「李十造」；5. 紀年款，如「元和三年
（808 AD）正月卅日造此印子，里宰記」（印子今稱陶範）、「會昌六年」
（846 AD）、「太中十年五月廿八日」（856 AD）、「天成四年五月五日造
也」（929 AD）。所有年款均指向中、晚唐年間，甚至殘唐五代的後唐明宗年
號天成四年。

長沙窯褐釉鳥哨（左上圖）　長沙窯動物塤（左下圖）
青釉褐彩長沙窯鴿塤（右二圖）

因為外銷中東，也有阿拉伯文題記「阿拉之僕」或「真主最偉大」。

行句多寫在壺罐，水壺流口特別短小，六或八稜，壺身侈口短頸，肩腹渾圓飽滿。行句多警語，譬如：

1.「忍辱成端政」，王梵志詩「忍辱成端政，多嗔作毒蛇，若人不佇惡，必得上三車」。

2.「人能弘道，非道弘人」《論語》。

3.「羊伸跪乳之義」、「牛懷舐犢之恩」。

4.「人生一世，草木一秋」《增廣賢文》、「蓬生麻中，不扶自直」《荀子》〈勸學篇〉。

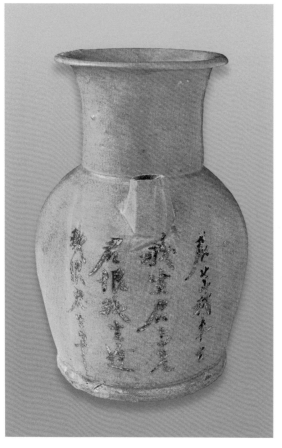

長沙窯褐彩「君生我未生」壺（左圖）
長沙窯褐彩「春水春池滿」壺（右圖）

5.「言滿天下無口過」《孝經》。

詩歌書寫文字在釉下彩的瓷器，永不褪落。這些詩句，有憤世嫉俗，有惆悵幽默。人生許多悲歡離合、思念纏綿，真是長沙有謠，如怨如慕。譬如：

1. 君生我未生，我生君與（已）老，君恨我生遲，我恨君生早。

2. 一別行千里，來時未有期，月中三十日，無夜不相思。

3. 日日思前路，朝朝別主人，行行山水上，處處鳥啼新。

4. 人歸萬里外，意在一杯中，只慮前程遠，聞訊待好風。

5. 春水春池滿，春時春草生，春人飲春酒，春鳥唯春聲。

6. 買人心惘帳（悵），賣人心不安，題詩安瓶上，將與買人看。

6. 小水通大河，山深鳥宿多，主人看客好，曲路亦相過。

7. 自從君別後，常守舊時心，洛陽來路遠，還用幾黃金。

8. 從來不相識，相識便成親，相識滿天下，知心能幾人？

9. 客來莫直入，直入主人嗔，打門三五下，自有出來人。

10. 須飲三杯万士（事）休，眼前花撥（發）四枝葉，不知酒是龍泉劍，吃入傷（腸）中別何愁。

　　這些詩句常有許多錯字別字，更談不出什麼草書行書。人們許多時都在找尋詩句在唐詩的出處或聯想，其實這些詩歌正是對唐詩的一知半解而顯得似是而非、憨直可愛，匠氣一褪，藝心陡現，也許就是西方現代批評所謂故意無意之間的「誤讀」（misreading）吧。人世間的天真，經常失落在世人知書識禮的世故，驀然得見本來面目，有如醍醐灌頂，雪亮心頭。

長沙窯褐彩文士須飲三杯詩畫罐（本頁圖）

長沙窯青釉褐彩椰棗「張」字模印貼花「蓬生麻中」壺

大唐三彩
豐滿豔麗

　　唐代的多彩低溫釉陶（earthenware），單彩是一彩、雙彩是二彩、三彩就叫三彩（英文稱 sancai 或 tri-color），唐三彩是後人積習而名，猶如「漢白玉」一樣。唐三彩、唐三彩，倒似叫唐三藏一般熟絡了。

唐三彩露胎雙繫罐。帶白釉的唐三彩均用白素胎，許多三彩都不滿釉，底露白胎。但陝西三彩器中也有紅泥胎骨。

唐三彩寶相花大盤　東京永青文庫

　　三彩只是一個概括名稱，主要呈現黃、綠、白三種合併斑駁豔色。綠釉本是黃、藍混色，其中又分深、淺、翠綠；黃釉加赭成褐，赭藍相混成紫。所以雖謂黃、綠、白三彩，其實卻是多彩（multi-color）的組合。

　　白釉需要白色黏土（坩子土）素胎才能呈現，所以帶白釉的唐三彩均用白素胎，許多三彩碗都不滿釉，常見碗底露白胎。但陝西三彩器中也有紅泥胎骨，如需呈白，就要化妝土。

漢褐釉犬〈左圖〉
漢綠釉犬〈右圖〉

　　早在漢代，綠、褐二釉已在單色釉器中脫穎而出（譬如神態活現的漢綠或褐犬狗），唐三彩就是利用釉料的金屬銅（呈綠），加上鐵（呈赭黃）、錳（呈紫）、鈷（呈藍）、銻（呈黃）等釉料著色劑，再加鉛來作助熔劑，在800攝氏溫度下燃燒，讓其釉色互相滲化交合，這些金屬氧化物在鉛釉助熔過程中自然流淌，迸發出豔麗豐滿、光亮奪目的彩色，成為唐代文化華麗風格的極致。

　　唐三彩陶器具備兩大特徵：1. 明器（冥器）陶俑造型；2. 唐代與西域文明結合呈現的異國情調（exotic colors）。三彩出土於河南、陝西兩地唐墓最多，尤以東都洛陽（北邙山）與京城長安（西安），揚州也有唐代窯址發現，但出土的三彩應為附近或湖南、河南等地產品。尤其三彩俑人馬駱駝體型較大，輸送不易，一般多在本地製造。揚州發現的三彩，是出口貿易三彩。

　　三彩出產年代大概自西元760年唐高宗以降，目前考古發掘唐墓出土

三彩，均不早於高宗。此類冥器厚葬流行於玄宗開元天寶年代，三彩陶器大盛，包括生活用器的壺罐碗缽及枕頭等。其實釉料含鉛量高的陶瓷，極不適宜作飲食用器。安祿山亂後，民生動盪，工匠流徙，三彩開始式微，誘致湖南釉下彩長沙窯興起，再經揚州等地胡商賞識訂購出口，此是後話不提。

唐三彩面世不過是近兩世紀之事，清末在洛陽開鐵路時便在唐古墓群發現三彩器，然因是冥器，未受買家青睞，一直到民國後大批唐三彩湧現琉璃廠，才引廣泛收藏興趣，到了20世紀的50年代以降，河南鞏縣、陝西銅川相繼發現三彩窯址，方才建立研究基礎。

關於三彩特徵的陶俑造型，極具文化宗教演變意義。自漢到晉，許多碉堡樓台、動物家

唐三彩女俑　陝西中堡村出土

唐三彩蓮瓣三足盤　北京故宮博物院（左二圖）
三彩宅院（西安中堡村1959），西安市郊中堡村唐墓出土有系列的三彩建築模型，經修復後，成為一組極具
特色的三彩院落建築群體。（右圖）

禽的陶塑明器，反映呈現出一種「宗族聚居」社會狀態。及至發展入唐代，宗
族聚居逐漸演變為家族聚居。居所陶器，也由陶塔望樓進化入莊院住宅。1959
年西安市郊中堡村唐墓出土有系列的三彩建築模型，經修復後，成為一組極具
特色的三彩院落建築群體。

　　唐三彩宅院繽紛柔和氣象，使陶製明器進入另一個美學的色彩世界。1987
年，陝西省銅川市王石凹唐墓出土了另一組更精彩系列的唐三彩宅院。這套現
藏於耀州窯博物館的中國傳統四合院建築組合，唐人生活形態呼之欲出。也由
於這種隨時可以移動，散聚開闊的組合庭院，與單一建築物的漢代塔樓大相逕
庭，生動反映出唐人多采多姿的生活常態。

三彩宅院（陝銅川1987），這套現藏於耀州窯博物館的中國傳統四合院建築組合，唐人生活形態呼之欲出。

唐三彩鎮墓獸

大唐三彩・豐滿豔麗

動物俑和人物俑的演變是平行並進的，西漢俑器，主僕尊卑，極為鮮明。因此動物俑多為農莊禽畜，以供死者繼續享用，後來進展入唐三彩的鎮墓獸，卻已是保護者的角色了。隨著佛教東傳，到隋唐而大盛，護法神祇紛紛誕生，許多侍奉者俑器也就轉變入保護者俑器，其中最具代表性就是佛教的四大天王。

　　唐三彩最奪目神馳還有三彩馬、三彩駱駝及胡人俑，它們代表了三彩第二特徵與西域文明結合呈現的異國情調。牽馬胡人、或是1957年西安西郊唐鮮于庭誨墓出土的唐三彩載樂駝，上有四個胡人對背分坐，中間站著說唱綠衣人，他們襆頭包髮，深目高鼻，滿臉鬍鬚絡繶，胡服翻領，一人雙手分執檀木板，

懿德太子墓唐三彩馬

一人口吹觱篥，一人吹奏長笛，一人手抱四弦曲項琵琶，所奏應為以琵琶為主器的西涼樂或龜茲樂。

另外，1972年陝西乾縣唐懿德太子李重潤墓出土有絞胎騎馬狩獵俑，絞胎陶瓷在唐代別具風味，用兩種不同顏色瓷泥，絞拌燒製成胚胎，呈現出如樹木年輪般木材紋理（wood grain），再另上一層透明亮釉加燒。懿德太子墓出土的騎射人馬俑，不是傳統絞胎製作，而是用白陶燒成素胎，再塗上氧化銅鐵等金屬顏色釉料燒製而成。

附：張錯〈唐絞胎騎馬狩獵俑〉詩

驀然勒韁
馬似通靈戛然而止
一動也不動
名符其實一隻陶馬；
因是大宛汗血名種
馳騁時汗流浹背
血色條紋順流而下
惟絞胎褐黃木紋堪足比擬。

青衣人抽弓搭箭
翻身仰望向天
時間靜止

青春暫時停駐
左手挺弓直舉與箭鏃齊
右手彎弦如滿月
有似嬰兒抱滿懷
姆指一隻翠綠扳指
終南山下藍田軟玉。

等待就是縮短攻擊距離
咻！想像聲響裡
他一旦啟動時間獵殺
同時也成為時間獵物。

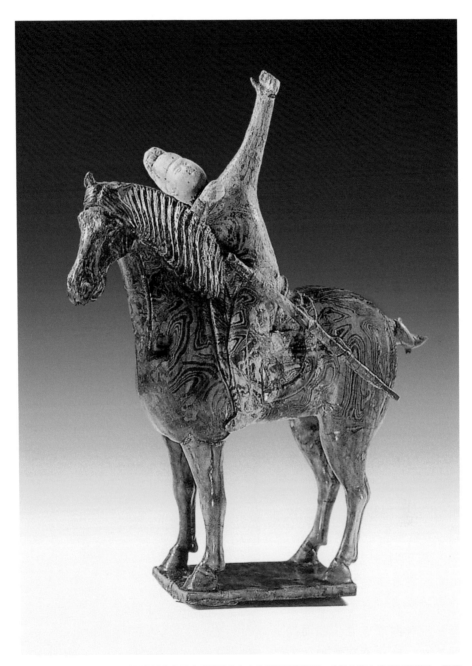

唐絞胎騎馬狩獵俑。陝西乾縣唐懿德太子李重潤墓出土有絞胎騎馬狩獵俑，絞胎陶瓷在唐代別具風味，用兩種不同顏色瓷泥，絞拌燒製成胚胎，呈現出如樹木年輪般木材紋理（wood grain），再另上一層透明亮釉加燒。（上圖）

唐三彩載樂駝。1957西安西郊唐鮮于庭誨墓出土的唐三彩載樂駝，上有四個胡人對背分坐，中間站著説唱綠衣人，他們襆頭包髮，深目高鼻，滿臉鬍鬚絡總，胡服翻領，一人雙手分執檀木板，一人口吹觱篥、一人吹奏長笛，一人手抱四弦曲項琵琶，所奏應為以琵琶為主器的西涼樂或龜茲樂。（左頁圖）

繁華落盡‧素面相見
素三彩

彩瓷素三彩出現，有點像宋代青銅素鏡。開元天寶繁花似錦的瑰麗，瑞獸葡萄、金銀平脫、寶相花、螺鈿鏡、盤龍吐珠、鸞鳥銜綬，極盡華麗繁複的極致。宋鏡一出，繁華落盡‧素面相見，許多銅鏡，僅見鏡背素地銘文鑄家姓氏店號地址，例如「湖州南廟前街西石家念二叔真青銅照子記」，雖云字多，但卻簡潔，布衣百姓，清麗樸緻。

素三彩初時基本特質就是缺紅，不然不能為素，它包括顯著的綠、黃、茄紫或粉藍為主色的琺瑯彩，因而晶瑩潔亮。難怪素三彩被法人 Albert Jacquemart 呼作 famille verte「綠彩家族」（green family），即是指這類用琺瑯燒

雍正素三彩花鳥樹石黃地花瓶　東京梅澤紀念館

康熙素三彩開光百花獸禽蓋罐

康熙黑地三彩蓮池長方瓶　日本富士美術館

出的綠彩系列彩瓷，配以黃、紫、白、赭墨等主色，到了後期的清代康熙更添增藍彩。其紫茄色西方稱為 aubergine，亦即定為茄子之色。

　　素三彩的調色風格並不統一，缺紅彩固是素三彩，然用少量淡紅亦並非不是素三彩。一般而言，素三彩多以綠、黃為主色。直到晚清，既添湛藍，不忌淡紅，因此至今仍無法因民間藝術的活潑即興創作，為素三彩色調（palette）作出定義。

　　素色淡妝，自有極豔之處，比濃抹更具風韻，不能當簡素解。明清從單色（monochrome）到彩釉（polychrome）的三彩、五彩、鬥彩、粉彩、琺瑯

康熙素三彩花果盤碗　台北鴻禧美術館（上圖）
康熙素三彩花蝶碗一對　台北鴻禧美術館（下圖）

彩，再到素三彩，中國瓷器在釉色呈現及圖案設計的突破操控，已臻巔峰（apogee）。

素三彩早期製作有點像磁州窯的剔花瓷，先在未完全乾透的胚土胎型刻劃圖案，高溫燒成有刻痕的素胎，澆上地色釉料後，沿刻痕圖案刮出要上色部分，分別填上各種彩色，再一次低溫燒就。以綠為主色叫「綠彩家族」，以黃為主色叫 famille jaune「黃彩家族」，以黑為主色叫 famille noire「墨彩家族」。這些都是西方稱呼明清彩瓷，但除粉彩 famille rose 外，其他定義多含混模糊，並非中國瓷器術語。中國素三彩，以地色為名稱有黃地綠彩、綠地紫彩、紫地黃綠彩等。正德的「素三彩海水蟾紋三足洗」、崇禎「素三彩龍鳳牡丹紋碗」都是綠地、黃地的代表作。

因為文人畫入清影響，尤其清「四王」有復古董其昌等大家水墨傾向，墨彩家族在清三代康熙、雍正、乾隆三朝極為出色，除用赭墨（sepia）為主色，兼用礬紅、本金彩料在白瓷胎上繪畫、山水人物、博古諸器、花卉樹石，濃淡得宜、流暢傳神。再塗透亮釉燒成，有「水墨畫彩」之稱。

明正德素三彩海水蟾紋三足洗（北京故宮博物院）。正德的「素三彩海水蟾紋三足洗」、崇禎「素三彩龍鳳牡丹紋碗」都是綠地、黃地的代表作。

康熙素三彩開光紙槌花瓶

素三彩鼓墩　上海博物館

　　素三彩多是釉下彩，康熙時工匠技高藝熟，添加藍彩，眾色一併塗繪在燒過的白瓷胎，然後在上罩塗一層白色透明釉，再低溫一次燒成。

　　傳世明清素三彩極為出色，上海博物館有景德鎮市珠山出土的明成化「素

三彩鴨型香薰」。該址官窯出土多為明代成化年間器皿，惜多破爛殘損，但許多經修復後，依然亮麗。

除了頸部可見修復痕跡，此一完整綠黃主色彩瓷大鴨雙蹼佇立方座，昂首微張嘴，稍見鴨舌，修長鴨頸為出烟道，自頸通往口中噴出煙香。其器腹中分為兩部分，捧鴨離身，即與鴨腳分成兩塊。放鴨回身，上下蓋合，即成一完整香薰爐。鴨腹中藏薰香，鴨身與翅間藉羽毛覆掩，鏤穿無數小孔以噴煙。綠黃鴨身配紫色方座頂底，三色相配，名符其實素三彩。

由於鴨型香薰爐的啟發，清乾隆年間外貿瓷中有大鵝型盛湯器（tureen），釉用赭灰（grisaille）與墨彩，鵝身如雪，自成白地，冠蹼均用深褐琺瑯（puce enamel）。做型與鴨型香薰爐完全相同，鵝身上下蓋合，腹空處作盛湯用。

道光素三彩鵝型外貿瓷湯盤，上蓋鵝頸彎後以黃釉鵝嘴咬向白色背部，成一把手，有似搔癢，雪花般白裡一點黃，極為傳神。

乾隆外貿彩繪大鵝湯盤

　　另輸往美國外貿瓷中赫然亦有道光年間素三彩鵝型盛湯器，全身白瓷澡
雪，僅下半器配以赭墨細線尖翠綠葉及波浪紋，兩邊中有淺絳荷花一朵，湯足
上黃釉。上蓋鵝頸彎後以黃釉鵝嘴咬向白色背部，成一把手，有似搔癢，雪花
般白裡一點黃，極為傳神。

明成化素三彩鴨型香薰，上海博物館有景德鎮市珠山出土的明成化「素三彩鴨型香薰」。該址官窯出土多為明代成化年間器皿，惜多破爛殘損，但許多經修復後，依然亮麗。

花釉絞胎
淋漓盡致

　　大唐盛世，科舉制度完善，用人與材，商業對外東西兩邊貿易發達，西邊中、日、韓三國文化水乳交融，東邊與中亞，西亞、東亞、東南亞及歐洲國家在經濟文化上互通往來，手工業的民生用具陶瓷生產，更是空前鼎盛，除了南青北白的青瓷、白瓷外，就算以彩釉潑染的唐三彩、花釉瓷及紋胎瓷了。這種各類瓷器的大規模製作，做成窯口的知名度，因而「陶至唐而盛，始有窯名」（《陶錄》）。

　　花釉、絞胎紋飾的出現，與中國早期工藝技術與繪畫亦有關係，隋唐以前，均是單色釉器多，雖然高雅純淨，究竟沒有釉下彩繪如長沙窯有新意，讓人驚喜，眼睛一亮。唐三彩多是明器，陶俑、唐馬、鎮墓獸、天王力士，裝飾之餘實用價值不大。

唐代褐釉蓋罐（左圖）　唐代淺綠釉蓋罐（中圖）　唐單色褐黃釉大罐（右圖）

花釉瓷的出現，又是北方瓷器的一大成就，可惜流傳不廣。近數十年來多在河南鄭州、泌陽、郟縣（黃道窯及內鄉窯）、禹縣、山西交城等地的唐墓出土，因而推論窯址多在此一帶。尤其在禹縣下白峪及魯山段店的窯址，因為發現以鈞窯的天藍釉作為底釉，花釉被稱為「唐鈞」，可見花釉與鈞窯風格密切相近。

　　花釉多為壺罐，或用作為一種瓷製的腰鼓叫「花釉鼓」，在河南魯山段店窯出土有破片，存世極少，目前北平故宮存有完整一件。這種腰細兩頭大的唐代瓷製腰鼓，中空，大小均有，兩邊再輔縛皮革，應為西域自漢朝傳入中原樂器，敦煌莫高窟唐壁畫亦有描繪這種拍鼓。

唐代翠綠釉蓋罐（北京故宮博物院）。花釉瓷的出現，又是北方瓷器的一大成就，可惜流傳不廣。

唐黑釉藍斑雙繫罐

　　花釉是以兩種不用呈色劑的金屬氧化釉先後在胚胎施塗，用高溫燒成，產生晶瑩亮麗的潑染。用作水器的壺罐面世較多，體積不大，特徵為厚胎、底釉用氧化鐵燒成黑釉、或自還原氣氛焰火燒成黃褐釉做底，上面潑有一大抹以氧化銅、錳、鈦等呈現乳白濁色或淡藍彩斑的金屬釉，亦即世稱「天藍與月白」。藍白交混，凝厚光澤、淋漓盡致、妙品天成，正是精華所在。有人稱為「窯變花釉」，其實心隨物變，人與境合，有花無花，皆是心變。

花釉絞胎．淋漓盡致

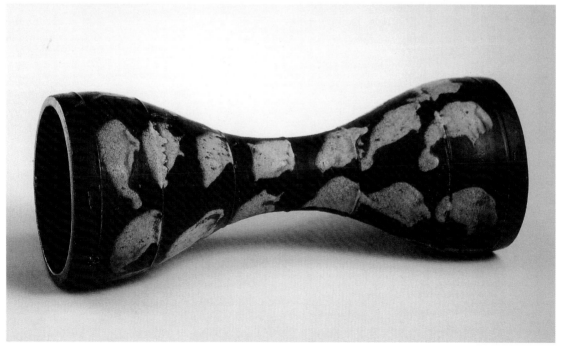

唐黑釉白斑雙繫小罐（左上圖）　唐褐釉白斑壺（右上圖）
唐代藍彩花釉鼓。目前北平故宮存有完整一件。這種腰細兩頭大的唐代瓷製腰鼓，中空，大小均有，兩邊再
輔縛皮革，應為西域自漢朝傳入中原樂器，敦煌莫高窟唐壁畫亦有描繪這種拍鼓。（下圖）

唐絞胎團花枕　北京故宮博物院

　　從單色釉到多色釉的花釉、甚至唐三彩，都是唐代釉料呈色的特徵，藉不同金屬釉料及還原氣氛，燒出繽紛燦爛的彩釉。至於胎質在唐朝進步與進化，就要數稀見的絞胎陶瓷了。

　　目前存世絞胎陶瓷以盤碗、枕及三彩絞胎陶馬為主。所謂絞胎，它的製成與傳統輪盤轉動成胚不一樣。為了要表現胎質如樹木年輪（西方有時不稱wood-grain，而稱大理石 marbled），必須先把白色與顏色釉片切成方塊胎泥，互相交疊，然後在範上絞雜絆合，務使絞胎紋理成深淺交間流動的雜色，主要

唐絞胎三足爐　北京故宮博物院

以褐黃色為主，因稱絞胎。有時做絞胎枕更在模範上加工圖案，待胚胎風乾或焙乾後再上一層光亮透明釉，入窯低溫燒成。

　　一般絞胎多為碗、盤及枕頭，又因胎泥質素，器具壁部雖厚，然入手甚輕，有如唐三彩碗盤。長沙窯釉下彩的碗壺又不同，看似輕薄，卻敦實厚重，更是耐用。最著名的絞胎器為 1972 年懿德太子墓出土的騎射人馬俑，不是傳統絞胎製作，而是用白陶燒成素胎，再塗上氧化銅鐵等顏色釉料，燒製而成木絞的絞胎陶馬，煞是好看。

千峰群山祕色青

　　祕色瓷屬越窯青瓷體系，所謂南青北白，河北以白瓷的邢窯為主，南方越窯的青瓷代表著唐朝五代瓷藝輝煌的成就，祕色青瓷更是青瓷釉色的巔峰。

　　所謂祕色先聲奪人，只因它是貢御瓷，貢奉北方朝廷專用，臣庶不許染指，故稱祕色。如屬祕色，應是指稀見近乎神祕之碧綠顏色，藍浦在《景德鎮陶錄》特別指出「按祕色特指當時瓷色而言耳」。其名經唐朝詩人陸龜蒙品題於〈祕色越器〉一詩，內云：「九秋風露越窯開，奪得千峰翠色來」，更令人

唐越青釉葵瓣花口碗　北京故宮博物院

唐越窯瓜楞壺　北京故宮博物院

悠然神往於千峰祕色，其實越器亦因煤炭窯燒，綠帶淡黃，與耀州欖青相似，陸游曾有提及。

　越窯於唐代燒製於江浙一帶的明州（寧波）、紹興、餘姚、上虞最多，因窯址多屬越州管轄，遂稱越窯。晚唐在溫州、永嘉等地甌江下游地區所燒的小茶盞叫「越甌」，體積容量均小，風行全國，亦得陸羽《茶經》青睞，除了

茶碗以「越州為上。其瓷類玉、類冰」,越州瓷與岳州瓷皆青,「青則益茶」外,「甌,越州上,口唇不捲,底捲而淺,受半升而已……」。

這類圈足、敞口茶器有葵花碗、荷葉碗、荷花碗,美麗大方,就連盞托也為荷葉型。白色茶花泡沫沉浮在青翠綠碗內,青白相映,觸發詩人感興吟詠。孟郊〈憑周況先輩於朝賢乞茶〉詩內就有佳句:「蒙茗玉花盡,越甌荷葉空」,令人閱之口有餘香,捧盞觀玩,意猶未盡。

花口碗造型與唐代銀鎏金碗器頗有牽連,1970年西安市南郊何家村唐代窖藏出土270多件金銀器中,「銀鎏金龍鳳葡萄卷草紋碗」及「銀鎏金寶相花紋蓋碗」造型均為敞口、圈足、鼓腹,和越窯茶碗造型相似,可見在飲食器皿的實用方面,青瓷已逐漸取代金銀器,有點像商周青銅多作禮器而陶瓷作飲食器用。唐代西域波斯安息王朝,以及被認為是第二個波斯帝國的薩珊王朝金銀製器在北魏已入中國,於隋唐間影響很大。

祕色瓷就是殘唐五代十國的吳越國主錢鏐進貢給北方大宋國的越窯貢瓷,千中選一,精緻自不待言。五代越窯質量比唐代有明顯進步,採用匣缽,單件燒製,改良支墊,釉滿均勻,細緻精良。而且胎壁堅薄,器型規整,輕巧合理,整體滿釉,釉薄亮麗。亦因釉薄,現今許多出土越器,釉料常有脫落。祕色瓷則「其色似越器,而清亮過之」,表示胎質綿密,釉色均

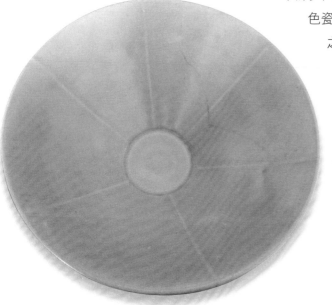

宋越窯荷葉青瓷盞

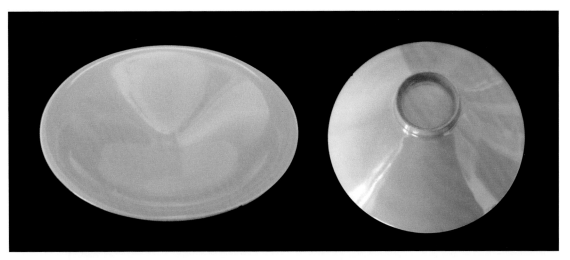

宋青瓷小盞（上二圖）
越窯祕色淨水瓶　北京故宮博物院（下圖）

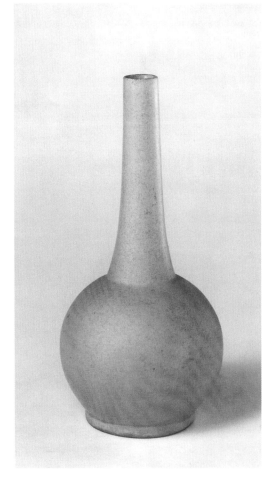

衡，敲之聲色脆亮。據載五代越窯進貢
後唐、後晉已近萬件，入宋以後，各地
一次進貢竟達14萬餘件。

　　近數十年來，在吳越首都杭州及錢
氏王朝故里臨安鄉先後發掘出錢氏皇族
錢元瓘、王妃吳漢月、功臣錢元玩等墓
室共七座，出土祕色瓷均具代表性。但
是最觸目還是1987年在陝西省扶風縣
法門寺塔基地宮出土釉色草青14件祕
色窯器。地宮同時有兩塊石碑，其中一
塊為監送使刻製的「衣物帳」碑（全
名為「應從重真寺真身供養道具及恩賜
金銀器物寶函等並新恩賜金銀寶器衣物
帳」），內登記有唐懿、僖二宗及皇室
眷屬內臣等人供奉的金銀寶器及青瓷
器物，明顯稱這些瓷器為「祕色瓷」。
內有八稜淨水瓶和荷花碗5件，但不在

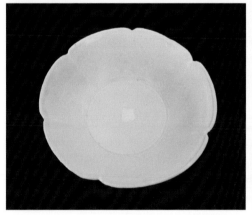
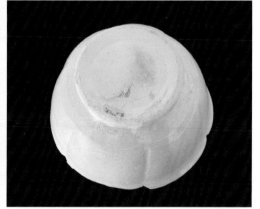

元青瓷花口碗（本頁圖）

「衣物帳」祕色瓷單內。八稜淨水瓶的形製釉色，長頸豐肩，鼓腹淺圈足，通體凸出八道稜痕，肩頸箍有三道弦狀紋飾，晶瑩如玉，溫潤郁翠，所有特徵，均確屬祕色瓷無疑。只因當日出土時未與其他祕色瓷器一起置放，工作人員遂另立名目登記處理，其實當時瓶內裝有五色佛珠 29 顆，瓶口另放有一大珠覆蓋，因而具有宗教聖物意義，遂引起考古人員誤會，另行安置。

　　觀祕色青瓷，青近縹碧，圖冊常因配色光合作用，難呈本色。必須親自前往目睹，心領神會，方知真相。

附：張錯〈越窯祕色瓷〉詩

多年夢寐終得一晤
一泓湖水碧綠
千峰群山青翠
薄霧漫然祕色浮動
冷豔如寒冰魂魄
溫潤如梅子初青
彷彿碧玉光澤
自遙遠閃爍迷濛
在春天新綠河岸
豐盈香草湖邊。

櫥窗內可望不可及
釉汁清澈明亮
滑如凝脂透如蟬翼
橄欖色晶瑩純淨
舉止如一襲青衫晚唐士人
漫步竹林清幽；
如果能夠
想飲一盞碧螺春
讓碧綠湖水盪漾青山裡
倘若你喜歡
把紅浥櫻桃
放在油滴大碗夜雨滂沱。

法門寺祕色八稜淨水瓶，形製釉色，長頸豐肩，鼓腹淺圈足，通體凸出八道稜痕，肩頸箍有三道弦狀紋飾，晶瑩如玉，溫潤郁翠。（上圖）
越祕色八稜淨水無弦瓶　北京故宮博物院（下圖）

茶葉末、鱔魚皮、蟹甲青

中國物質文化，許多普及的玩物，其實是提升的雅賞。文人因物起興，除了賞玩吟詠，更常以名喻物，或取音同，或取附意。譬如畫喜鵲棲息梅梢，則音取「喜上眉梢」；譬如瓷器銅紅釉的豇豆紅、寶石紅，龍泉窯的豆青、梅子青，均是以物附意，提供附會聯想。

如此一來，同屬一種色譜的茶葉末、鱔魚皮、蟹甲青瓷器，就讓人自然而然聯想到一種非青非黃、亦青亦黃、半青不黃，半黃不青的釉色了。茶葉本青，其末則黃；鱔魚皮黃，然泛深青，有如蛇皮；蟹甲殼青，蒸熟始紅。文人巧思附會，反映出藝匠的妙手天成。

茶葉末帶沉靜之美，似祕色而不隱祕，近龍泉而更深邃。它的釉色是高溫中氧化鐵在還原氣

清雍正蟹甲青蟠璃瓶　北京故宮博物院

氛下，析出一種青黃交合顏色，有時
青強黃弱，有時黃濃青淺，並時有細
碎黃斑點黏附在深綠釉色，有如茶葉
碎末（tealeaf dusts）摻拌在茶葉內。自
化學成分而言，那是金屬釉的鐵、鎂
與硅酸互相熔化結合的效果，有如窯
變，人工無法預握其產生後果，只能
決定青黃二色。因而茶葉末器色稀有
互異，器可同，色無一相同。

雍正茶葉末石榴尊（本頁圖）

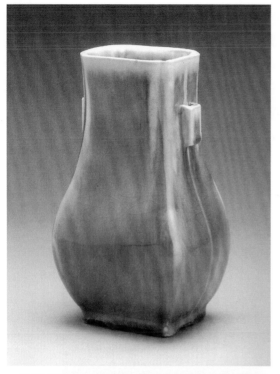

乾隆茶葉末方尊　巴黎吉美博物館（上圖）
乾隆茶葉末雙如意耳尊（下圖）

　　近年在揚州出土的茶葉末破片及瓷器顯示出唐代燒黑釉瓷時，已在氧化鐵著色劑在還原氣氛中無意產生這種青黃相混的釉色。宋窯工繼續追研，固定生產這類釉澤青蒼古樸的茶葉末色瓷器，入明清後更進一步變化為黃濃青淺的鱔魚皮（eelskin yellow）、或青深黃淡的蟹甲青（crab-shell green）。清代佚名（乾隆年間）《南窯筆記》內載：「廠官窯，其色有鱔魚黃、油綠、紫金諸色，出直隸廠窯所燒，故名廠官，多缸、缽之類，釉澤蒼古，配合諸窯另成一家。今仿造者用紫金雜釉白土配合，勝於舊窯」。可見清三代在景德鎮的御窯廠官窯，已自仿造中生產出鱔魚黃、油綠、紫金諸色，釉澤蒼古，另成一家，勝於舊窯。

　　同治、光緒年間陳瀏（寂園叟）《陶雅》內亦記：「茶葉末一種，本合黃、黑、綠三色而成⋯⋯，雍正官窯則偏於黃矣，而尤以綠色獨多者，最為希罕，蓋乾隆窯也⋯⋯。茶葉末黃雜綠色，妖嬈而不俗，豔於花，美如玉」。因而我們知悉，雍正官窯生產則偏於黃的鱔魚皮。到了乾隆，則造出極為素樸，清麗如碧玉的茶葉末，或是釉色偏綠的蟹甲青。

雍正鱔魚皮雙柄壺

克拉克瓷
青花異數

　　懂陶瓷者，説起克拉克（kraak），多會發出內心微笑，那是青花外貿瓷器的異數，以一種怪誕詭異風格，顛覆了青花雍容華貴的端莊亮麗。猶如明清繪畫狂放不羈、借物詠情、以抒胸臆的徐渭、八大、石濤或揚州八怪，克拉克圖案充滿民間瓷器奔放樸拙、奇譎想像的筆法，作成先聲奪人的效果。

明萬曆青花克拉克盤、罐、玉壺春

明萬曆青花秋蟲克拉克盤。基本圖案在盤碟內壁分別以扇形或荷瓣「開光」（cartouches，或稱 compartmentalized panels）多面，各開光內繪道家八寶（八仙法器中鐵拐李的葫蘆、呂洞賓的長劍、或漢鍾離的芭蕉扇，西方學者則多指出內含辟邪艾葉 artemisia leaf）、琴棋書畫、向日葵花或其他吉祥物。（本頁圖）

一般人以為克拉克取自葡萄牙文大帆商船（英語為 carrack）的稱呼，其實只對了一半。當年西方海上諸霸除西班牙外，就以英國、荷蘭與葡萄牙彼此爭奪最為劇烈。16 世紀初，以西班牙為競爭對手的葡萄牙，於 1511 年佔領馬六甲城後，到 16 世紀末海上霸權已是強弩之末。繼而崛起的英國與荷蘭，航繞好望角在東南亞海上與葡萄牙交接爭雄。

明萬曆青花荷塘水禽克拉克盤（本頁圖）

到了 17 世紀，荷蘭人的造船技術與海洋貿易遠超同儕，攬括中日瓷器與南亞的香料交易，更豪奪劫掠海上的葡萄牙商船。1602 年與 1604 年，荷蘭人分別把劫掠自葡萄牙大帆商船「聖地牙哥號」（São Tiago）及「聖他‧嘉塔蓮娜號」（Santa Catharina）貨物在阿姆斯特丹（Amsterdam）拍賣，包括明代萬曆年間（1573-1619）的瓷器，吸引了英法兩國貴族注意競

標。英皇詹姆士一世及法皇亨利四世均在 1604 年的拍賣會中，標得大量萬曆青花瓷。

荷蘭人把這批萬曆青花瓷呼作「來自葡萄牙大帆商船的瓷器」，荷蘭語為「kraakporselein」（porcelain from carrack），以後就簡稱「克拉克」（kraak）。1602 年荷蘭成立簡稱 V.O.C.（Vereenige Oostindische Compagnie）的「荷蘭東印度公司」

清初德化青花花卉克拉克盤（本頁圖）

（Dutch East India Company）更變本加厲，進口中國瓷器數以百萬計。

百足之蟲，死而不僵，1613 年在南大西洋聖海倫娜（St. Helena）的詹姆士灣（James Bay），兩艘葡萄牙大帆商船圍攻擊沉荷蘭軍用商船「白獅號」（Witte Leeuw），報得一箭之仇。「白獅號」於 1976 年被打撈，除了香料、珠寶，還起獲不少中國明代青花瓷，亦有大批克拉克，此是後話不提。

克拉克與銷往西班牙葡萄牙兩國的外貿瓷有關，所以造型與構圖方面，多少帶有西葡文化（Hispanic）、北非洲摩爾人（Moorish）、及阿拉伯回教風味。清順治、康熙初年海禁實施，日本因早就在明崇禎年間大量採購克拉克做製出口，亦步亦趨，不遑多讓。待康熙二十三年（1684）解禁，由荷蘭人經手專利外銷的日本克拉克已成氣候。

克拉克大部分為盤碟，基本圖案在盤碟內壁分別以扇形或荷瓣「開光」（cartouches，或稱 compartmentalized panels）多面，各開光內繪道家八寶（八仙法器中鐵拐李的葫蘆、呂洞賓的長劍、或漢鍾離的芭蕉扇，西方學者則多指出內含辟邪艾葉 artemisia leaf）、琴棋書畫、向日葵花或其他吉祥物。盤中央主圖則繪有荷塘鴛鴦、林間野鹿、蟋蟀草蜢、花卉鸞鳳等，筆法狂野不羈，正是野趣所在。

面世的明末克拉克瓷並不限於上述兩艘劫掠葡萄牙大帆商船拍賣貨品，20 世紀英裔澳洲人以打撈「南京船貨」震驚中外的哈契爾（Michael Hatcher）於 1983 年在南中國海撈獲 2 萬 5 千件晚明瓷器的「哈契爾船貨」（Hatcher Cargo），其中就有不少克拉克盤碟。西元 2000 年海撈克拉克豐獲，還有長住

明萬曆青花林間雙鹿克拉克盤（上圖）
明萬曆青花林間雙鹿克拉克盤。器底亦常滿黏粗沙石。
數百年夜夜碧海青天，黏牢堅固，不易脫落。（下圖）

清康熙素三彩克拉克大盤（左頁圖）

明代鳳棲梧桐青花克拉克大盤　土耳其 Tokapi Sarayi 藏

馬來西亞東岸的瑞典人海洋潛水專家史坦（Sten Sjostrand）與馬來西亞政府合
作打撈南中國的沉船瓷器，以「萬曆」（Wanli）為名的撈獲，就有大量明代
克拉克瓷器。數百年來海浪淘沙，魚龍瑚礁，磨擦損蝕萬頃碧波底下的克拉
克，盤邊常有所謂微細嚙蝕的「蚊咬」（bites）。然重出江湖的青花白雲，冰
肌玉質，依舊可人。

　　克拉克產地除胎質堅薄的景德鎮外，大量出口還有福建沿海漳州，德化窯
址亦產克拉克，以花卉為中央主圖，風格明朗。廣東潮州、汕頭一地出口外貿

清康熙「頭頓船貨」Vung Tau 海撈青花花卉克拉克組合

瓷亦多胎質厚重的克拉克青花大盤,圖案斑駁交雜,尤以雙鳳配牡丹花地、獅子玩繡球為主,西方稱為「汕頭瓷」(Swatow wares)。這些瓷器較為粗糙以外,還有一個辨別特色,就是盤底釉料多黏有粗沙石的沙粒底,最具代表性就是 2004 年佳士得在澳洲墨爾本拍賣在越南平順外海撈得的「平順沉船」(The Binh Thuan Shipwreck),全為萬曆克拉克青花大瓷盤、及彩筆水草碗盞。馬來西亞史坦撈獲的「萬曆」克拉克,器底亦常滿黏粗沙石。數百年夜夜碧海青天,黏牢堅固,不易脫落。

五彩鬥彩
華貴亮麗

　　青花是釉下彩，五彩是釉上彩；先用青花在白瓷土胚胎上描繪紋飾部分，塗抹透明釉後高溫燒成青花瓷，然後在青花瓷釉上再用紅、黃、藍、綠、紫等五種彩料加繪，第二次低溫燒成，就是「五彩」。

　　五彩繽紛豔麗，有時強調青花雙鉤劃線，中間留白，再填上彩釉，謂之「填彩」。有時青花自成圖案，再在其他部分繪配彩色。青花與彩釉彼此爭妍鬥麗，五彩繽紛，拼湊鬥合，是謂「鬥彩」。

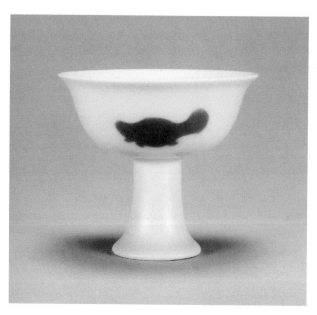

明宣德釉裡紅三魚高足杯　台北鴻禧美術館

　　青花藍白清逸如白面書生，五彩紅濃綠抹如盛妝麗人，彼此相倚相配，各有千秋，總也相宜。然而自明到清，青花陷身湛藍，無復本來面目，五彩繽紛亮麗，紅綠黃藍紫，專寵一時，直領風騷數百年。

　　明代紅釉系列發展，代表多色彩釉的顏色突破。洪武年間「釉裡紅」纏枝牡丹花卉、折枝花果筆意流暢，乳白底色肥腴滋潤，美中不足胎釉灰白、紅色淡晦。但開啟了永

明嘉靖五彩魚藻紋蓋罐　北京故宮博物院

樂、宣德間的青花紅彩工藝，以金屬氧化鈷、氧化銅紅兩種釉料，把釉下青花結合釉下紅彩，再加一層透明釉，燒出時尚一時的「青花釉裡紅」。

　　宣德釉裡紅三魚高足杯，杯白如雪，亦如海闊天空，就中三魚，僅辨頭尾魚鰭，抽象具象，把杯持盞，魚樂人樂。成化青花釉裡紅四魚蓮紋高足杯，青花蔚藍、海藻荷花飄浮在乳白瓷地，四魚泅泳其間，彷見水波起伏，漣漪盪漾。許多以紅為主色的紅釉瓷，均一時之選，獨步千古。

但這些都是釉下彩。宣德到成化，窯工發現在青花瓷上用氧化鐵釉描繪，低溫焙燒，就可燒出鮮豔無比的釉上彩紅，這才是五彩的前世今生。然而牡丹花好，仍需綠葉扶持，無雪潔的白，絕無嬌豔的紅。宣德白瓷早在永樂燒製基礎上燒出甜白後，光瑩如玉、內藏暗花，隱見棕眼，猶勝定瓷的白茶盞。2000年香港蘇富比拍賣會上，一件明嘉靖五彩魚藻紋蓋罐以高達4400多萬港元成交，成為當時成交價最高的中國瓷器，一時震驚中外。

文震亨《長物志》卷十二〈香茗〉內推崇説：「宣廟有尖足茶盞，料精式雅，質厚難冷，潔白如玉，可試茶色，盞中第一」，可見盞器不盡以景德鎮薄胎為佳品標準。至於定窯白盞，則宜「藏為玩器，不宜日用。蓋點茶須熁盞令熱，則茶面聚乳，舊窯器熱則易損，不可不知。」由此可知，鑑賞瓷器，不能單靠古窯造型，首應開門見山，指向其應用功能是否合理。

劍有雙刃，護己亦能傷己。且説青花在透明釉底下為釉下彩，透明釉無形中成為一種保護色，庇蔭著釉下青花，不受海水淘磨侵蝕。五彩在青花透明釉表面繪製為釉上彩，彩豔絢麗，然就因為缺乏一層保護色，許多沉船撈獲的五

雍正五彩紅地花卉碗

明萬曆五彩雲龍穿花蒜頭瓶　北京故宮博物院

清乾隆「南京船貨」鬥
彩海撈大碟（本頁圖）

彩或伊萬里，波浪淘沙，數百年後，彩褪樓空，
只餘青花枝椏或太湖石，殘缺不全。

　　鬥彩發展入成化，清麗嬌豔，惹人喜愛，
目前分藏於台北故宮及北京故宮的鬥彩瓷器，
多是宮中珍玩，以茶、酒杯等小型器物最為精
緻。成化鬥彩雞缸杯「上畫牡丹，下畫子母
雞，躍躍欲動」。到了萬曆，據聞一對成化雞
缸、菊花、嬰戲或紫葡萄杯就要白銀一百兩。

　　到了康熙年間宮中珍藏的五彩十二月花卉
套杯，更是天下絕色，清麗脫俗，不食人間煙火。

五彩鬥彩・華貴亮麗

明成化鬥彩雞缸杯　北京故宮博物院（上圖）
明成化鬥彩葡萄杯（下圖）

清康熙五彩十二月花卉套杯　北京故宮博物院（上圖）
清康熙五彩山水人物鈴鐺杯　北京故宮博物院（左下圖）　明成化鬥彩葡萄杯（右下圖）
清乾隆鬥彩鴨首壺（右頁圖）

套杯一共十二隻，大小相同，胎薄體堅，上手便知景德鎮招數。每隻杯子分別
繪上月份花卉，詠以五、或七言詩句。譬如二月玉蘭，詩云「金英翠萼帶春
寒，黃色花中有幾般」；四月牡丹，「曉艷遠分金掌露，暮春深惹玉堂風」；
九月菊花，「千載白衣酒，一生青女香」。捧杯，觀彩，賞詩，冰雪心腸，應了

五彩鬥彩・華貴亮麗

清康熙五彩花鳥詩書畫筆筒　北京故宮博物院
（上圖）
清康熙五彩花鳥詩書畫筆筒（高鳳翰書）
北京故宮博物院（下圖）

蘇軾詩中佳句：「戲作小詩君勿笑，從
來佳茗似佳人」。

2004 年秋，北京翰海拍出一只清
雍正五彩山水人物筆筒，以 220 萬元人
民幣成交，雖比諸前述明嘉靖五彩魚藻
紋蓋罐，價格不盡理想，但成為當年國
內成交價最高的瓷筆筒，已看出入清後
的五彩釉瓷，成就非凡，博得藏家競相
爭奪。

明朝那些事兒，十六個皇帝，個
個剛愎自用，自命不凡，永樂篡位，

倚重宦臣，自此歷代宦官奸辟弄權，殘害忠良，罄竹難書。成化一朝二十三年，外戚女寵、奸宦佞倖、邪僧外道充斥朝中；更崇信方士，房中祕術，喇嘛道士共聚一堂。到了嘉靖本可有為，他能駕馭宦官，遣散豹房，但中年篤奉道術鍊丹，求長生不死，寵信道士陶仲文、邵元節等人，更不選儲宮太子，取「禱祀」有功的神霄派道士陶仲文之言──「二龍不相見」。以自己為真龍，太子為潛龍，結果真的誤服道士王金的真丹，死在丹房。

清咸豐鬥彩雉鳥花卉大碗（本頁圖）

明萬曆五彩海水雲龍六棱蟋蟀罐（上圖）
康熙鬥彩人物山水花盆（下圖）

五彩鬥彩‧華貴亮麗

清雍正鬥彩花卉菊瓣尊（底有大明成化仿下款）　北京故宮博物院

98 / 99

自嘉靖入萬曆，君主篤信道教，彩瓷、青花不乏八仙、靈鶴、麒麟、四靈等道教色彩紋飾。五彩、鬥彩繪製的雲龍圖騰，構圖生動自然，採用變形、跨張手法，龍身瘦削矍健，兩眼圓睜、張牙舞爪、鳳舞龍飛，畫風荒誕怪異，似龍亦更似人，顛覆了唐宋蟠龍的雍容大度，但也造就了明清兩代文人畫怪誕畫風以外，陶瓷彩繪飛龍的奇異幻怪風格。

彩瓷在明清年間外銷日本歐美各地，深受當地上層社會喜愛，尤其日本的伊萬里及柿右衛門彩瓷，深受影響。每當明、清海禁外貿，日本彩瓷更取而代之，外銷東南亞歐洲各國。嘉靖萬曆到清三代以降，是五彩鼎盛期，惜在中國瓷器收藏主流，卻仍寵愛青花粉彩。然清代彩瓷自御窯到民窯，需求甚殷，歷代屢有佳作，雖云戰禍國弱，道光、咸豐、宣統的五彩鬥彩，依然花團錦簇、鳥語嚶鳴，美得熱鬧。

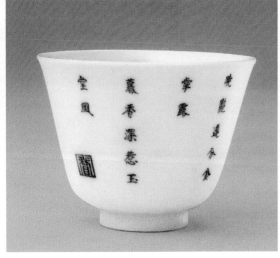

五彩鬥彩・華貴亮麗

清乾隆鬥彩大碗（本頁二圖）

明嘉靖鬥彩如意紋盤（左頁上圖）
清康熙五彩十二月花卉四月牡丹杯（左頁下二圖）

釉裡紅透半天

　　宋代從單色釉進展入五大官窯的汝、鈞、官、哥、定，線條簡潔、雍容博雅，有如魏晉褒衣博帶、謐寧凝思、神仙飄逸、步步蓮花，無需增飾，已是登峰造極，殊相分異，互擅勝場，臻達極致。雖謂釉色常增含暗花、印花、劃花、刻花或開片冰裂，但已隱現單色釉本身極限，只能在其他民窯釉器中互動互補，如青色系列的龍泉、耀州，黑色系列的建窯、吉州，或異色異趣的磁州窯。

　　唐代釉下彩的長沙窯已見突破端倪，那是在素胎上以圖文入瓷，利用外面一層保護作用的透明釉，燒成釉下欲要表達的彩繪紋飾主題。然長沙窯的出現與消失只是一個異數，釉色、火候均未能操縱從心所欲，常見暈散流淌，美中不足。

　　元明青花才是釉下彩的巨大突破與成就，不止用鈷料燒出藍地白花或白地藍花有如藍天白雲的青花瓷，更是操控釉色與火候的得心應手，使青花進入前所未有的專業繪圖設計──纏枝牡丹菊蓮、如意雲肩、花果黃地、歲寒三友、魚藻蓮池……，雅緻亮麗。當年英國「戴維德基金會」（Percival David Foundation）一對元至正年（1351）青花四爪雲龍象耳大瓷瓶（高達63.3cm），紋飾繁複達八層次，瓶身主題紋飾為四爪雲龍，自口、頸、肩至底足八層次圖案裝飾的順序為纏枝扁菊、蕉葉、飛鳳靈芝、纏枝蓮、四爪雲龍、海濤、纏枝牡丹和覆蓮雜寶，並書有至正十一年紀年題記及六十二字銘文。清楚俐落，有條不紊。元至正年已如此，明永樂、宣德更是清麗絕倫，妙不可言。

　　與青花並駕齊驅的釉色與圖案突破就是釉下彩的釉裡紅。稱為釉裡紅而

元代銘文龍瓶一對　戴維德基金會

不稱釉下紅自有道理，那是用銅釉料在素胎上描繪紋飾，外罩一層透明釉，在高溫下（攝氏 1280 度），把原呈釉綠的氧化銅變化燒成釉裡紅色，因稱釉裡紅。要呈現這種釉裡面的紅色彩繪圖案並不容易，除了配方銅料含量和基釉成分有密切關係外，氧化銅要在高溫裡的「還原氣氛」才能呈現紅色，愈是鮮紅愈難呈現。

要知道什麼是「還原氣氛」（reducing atmosphere），必須先知道「氧化氣氛」（oxidizing atmosphere）是什麼。陶瓷在窯裡柴火燒製時，其燃燒（combustion）溫度不斷增高，需要強大的氧氣量提供其漸進（oxidation）的高溫度，逐漸把瓷器燒成。在這種充份的氧化（oxidizing）環境燒成器皿的氣氛，就叫「氧化氣氛」。

但是在高溫的「氧化氣氛」燃燒過程裡，如在某種短暫範圍內能讓火燄與燃燒（flame and combustion）出現青黃不接、時弱時強的缺氧加熱狀態（譬如把窯口封緊不讓空氣的氧分進入加強），令火燄退卻提高，轉入流離氧的濃度減弱、一氧化碳濃度增強的還原狀態，就叫「還原氣氛」。

燒製釉裡紅的著色氧化銅要在「還原氣氛」下才能轉呈紅色，套用專門術語，就是氧化銅失去了氧原子，變成為紅色的氧化亞銅。銅離子對溫度極善變敏感，窯內火候不到，便呈黑紅或灰

洪武釉裡紅玉壺春壺　台北鴻禧美術館

洪武釉裡紅纏枝花卉大碗　台北鴻禧美術館

雍正釉裡紅豆青五福碗（左上圖）
雍正釉裡紅三魚高足杯（右上圖）
宣德釉裡紅三魚碗（下二圖）

紅；火候稍過，銅離子又揮發逸出，呈現特有的飛紅或褪色。因此操控窯內
燃燒氣氛極為困難嚴格，所謂高不成低不就，稍一不對，銅料便會在氣氛變
化中流淌「走紅」或燒失。古代柴窯並無儀器控制氣溫，只靠經驗老到的老
師傅取火觀燄，或隨口吐痰於窯壁以觀其乾涸速度，在如此條件能燒出曠世
奇珍釉裡紅，實是天官賜福。

　　元朝大草原民族自愛青花白雲，到了明朝朱姓當家，近朱者赤，釉裡紅

成化青花釉裡紅四魚海藻蓮紋高足杯　台北鴻禧美術館

得御寵，惜技術未臻完美，紋飾清淅度不夠，暈散不定，都因火候操控不佳
而呈淡暗無神，偏灰偏黑。洪武釉裡紅大盤大碗、玉壺春皆都如此，但這種
自青花抽離的奮鬥開拓精神，令人肅敬。

　　釉裡紅的技術操控掌握與呈色穩定最大成就在於明宣德與清雍正兩朝，
宣德朝釉裡紅透半天，釉裡紅三魚、果高足杯碗更是神來之筆，三魚如神
龍，一筆帶過，可意會不可神傳，然宣德魚較抽象迷濛，雍正魚有鰭較清

晰，時配豆青地，更如清波綠水。釉裡紅與青花瓷釉下彩器是結義兄弟，可謂青紅兩幫，各領風騷。

　　雍正乾隆兩朝釉裡紅呈色鮮艷穩定，無懈可擊。雍正期間更進一步發展入「青花釉裡紅」絕配，把不用釉料的鈷與銅著色料塗放在同一器皿上，本來風馬牛氣氛不相合，窯內燃燒氣氛更不盡同，但卻能異曲同工，兩相結合。許多外貿青花釉裡紅瓷盤，以青花繪亭台曲欄，釉裡紅繪牡丹紅花。正是唐英在《陶成紀事碑》內分辨出釉裡紅器，「有通用紅釉繪畫者，有青葉紅花者」，後者即青花釉裡紅瓷。

洪武釉裡紅花卉軍持

乾隆釉裡紅花卉梅瓶

寶石紅、郎窯紅、
豇豆紅到霽紅

必須先從「郎窯紅」的郎窯講起。康熙年間的郎廷極（？-1712）為漢軍鑲黃旗人，極得康熙信任，位至江西巡撫兼負景德鎮御窯廠督陶職責。此人雅好古器，頗深造詣。清朝鑒於明代景德鎮御窯廠督吏貪瀆腐敗，因而選取官員極為謹慎。郎廷極是清代御窯廠繼臧應選在景德鎮懂陶督陶的駐廠官吏，開風氣之先。跟著繼任督陶官員有康熙、雍正年間的年希堯（？-1738）、雍正、乾隆年間的唐英（1682-1756），均能仿古創新，抽添變通。

年希堯新創的胭脂水釉、雨過天青、單色釉更是彩色繽紛。《清宮檔·雍正紀事雜錄》載：雍正十一年（1733）年底「年希堯家人鄭天賜送來各式菊花式瓷盤十二色（內每色一件）呈覽。奉旨：著江西燒造瓷器處

康熙郎窯紅觀音瓶（台北鴻禧美術館）。「郎窯紅」是用「釉裡紅」同樣釉料的銅著色劑，在高溫「還原氣氛」下產生鮮紅奪目有如牛血的紅瓷，所以又名「牛血紅」（西方以法文稱之為 sang de boeuf）或「郎紅」。有時看似雞血初凝，因此又名「雞血紅」。

康熙豇豆紅太白尊（台北鴻禧美術館）。氧化銅釉在高溫還原氣氛下四處流竄、千變萬化，呈成出銅紅與銅綠二色暈散交雜，有如春天桃花初綻，桃紅葉綠，深淺不同的深紅、淺紅、淡紅、粉紅、旭紅、霞紅的朦朧顏色與紅綠苔痕斑點。這就是有名的「豇豆紅」。

照此樣各色燒造四十件。」可見龍顏大悅，加訂添燒。此十二盌釉色分別包括有藕荷、醬色、胭脂紫、灑藍、天藍、米黃、蛋黃、黃色、蔥綠、湖水綠、綠色、白色，足內白底青花雙圈，內款大清雍正年製，可謂琳琅滿目。

清代藍浦《景德鎮陶錄》稱臧應選在景德鎮御窯監造的陶瓷為「康熙年臧窯」、年希堯為「雍正年年窯」（實主瓷務者為唐英），唐英為「乾隆年唐窯」，提到年窯「選料奉造，極其精雅……仿古創新，實基於此」，提到唐窯亦是除了仿古名窯名釉，「無不巧合」，更「又新製洋紫……琺瑯畫法洋彩、烏金……廠窯至此，集大成矣」。可見清代御瓷除了仿古，尚有創新，均是利用景德鎮自然、人力資源，官搭民燒。

郎廷極的「郎窯紅」就是仿明宣德「寶石紅」（ruby red-glazed）鮮紅釉所製成的新瓷，使一度中斷長達二百年的紅釉瓷器重出江湖。郎同時人劉廷璣曾在《在園雜誌》內指出郎窯成品特色為「仿古暗合，與真無二」。「郎窯紅」是用「釉裡紅」同樣釉料的銅為著色劑，在高溫「還原氣氛」下產生鮮紅奪目有如牛血的紅瓷，所以又名「牛血紅」（法文稱之為 sang de boeuf）或「郎紅」。有時看似雞血初凝，因此又名「雞血紅」。

　　要操控火燄氣氛內的還原狀態及讓氧化銅自綠轉紅的過程（銅在氧化燄轉綠，還原燄轉紅），是高難度的技術挑戰。當銅使石灰鹼釉在還原氣氛變成紅色，一俟紅釉釋出自然流淌，尤其在瓷瓶的器型上，口部無法挽留紅釉往下流淌而常呈粉白或露胎骨，但自肩腹往下流動，愈下其紅就愈鮮豔嬌美，令人沾福添慶，歡喜自在。

　　也就是氧化銅釉在高溫還原氣氛下四處流竄、千變萬化，呈成出銅紅與銅綠二色暈散交雜，有如春天桃花初綻，桃紅葉綠，深淺不同的深紅、淺紅、淡紅、粉紅、旭紅、霞紅的朦朧顏色與紅綠苔痕斑點。這就是有名的「豇豆紅」了。真是「綠如春水，紅似朝霞」。西方人不識豇豆，只稱之為「桃紅」（peach bloom），只看到桃紅一色。其實豇豆指的不是青豇豆（粵人叫「豆角」），而是另一種紅豇豆（red cowpea），有紅長豇豆莢或紅豇豆子，以此紅貌比瓷色，極是傳神。有時長

康熙郎窯紅穿孔瓶　北京故宮博物院

康熙豇豆紅柳葉瓶（巴黎吉美博物館）。西方人不識豇豆，只稱之為「桃紅」（peach bloom），只看到桃紅一色。其實豇豆指的不是青豇豆（粵人叫「豆角」），而是另一種紅豇豆（red cowpea），有紅長豇豆莢或紅豇豆子，以此紅貌比瓷色，極是傳神。（左上圖）
康熙豇豆紅菊瓣瓶　台北鴻禧美術館（右上圖）
台灣紅豇豆（下二圖）

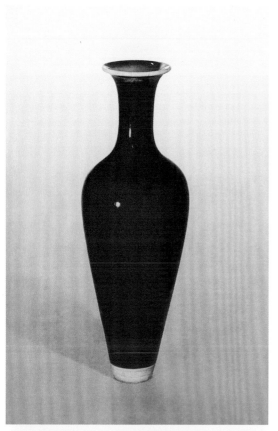

雍正豇豆紅柳葉瓶（北京故宮博物院），但因「豇
豆紅」燒製不易，多在康熙雍正年間，器多小件。
（上圖）
康熙豇豆紅蘋果尊（下圖）

寶石紅、郎窯紅、豇豆紅到霽紅

豇豆成熟後青黃不接，泛綠泛紅，頗有菜色（台灣叫「花菜豆」），也是紅妝。欣賞「豇豆紅」應採用不用角度，有時會喜歡濃妝豔色，但有時卻要識麗質天生，難以捨棄，所以「豇豆紅」並非一定豔紅取勝，紅中帶綠，更顯素質自然，風韻綽約。

臧應選在景德鎮駐造時，已能用口吹釉法燒出釉色均勻、吹紅吹青的「豇豆紅」和高溫氧化鈷「灑藍」。但因「豇豆紅」燒製不易，多在康熙雍正年間，器多小件，如文房印盒、筆洗、用作水盂的小圓盤、太白尊（因似蜂巢，西方又稱 beehive-shaped water pot）和馬蹄尊、菊瓣瓶（因似蘿蔔，亦名萊菔瓶）、或觀音瓶等。到乾隆後開始少量生產，因而「豇豆紅」存世真品稀少。

明朝宣德年間，已能利用銅紅著色劑高溫燒出鮮豔奪目的紅釉「寶石紅」。顏色釉瓷到明永樂、宣德已極精美，除了甜潤如白糖的「甜白」、「青花」，以鮮紅為寶的紅釉瓷器均釉面勻淨、顏色鮮豔。盤洗胎薄體輕，純淨單色，還燒出汁水瑩厚、光澤四射如紅寶鑽的「寶石紅」。至於有謂「以西紅寶石為末入釉」，卻是過甚其詞，

順治礬紅帶蓋梅瓶

明嘉靖礬紅執壺　北京故宮博物院（左圖）

康熙霽紅梅瓶（北京故宮博物院）。「霽紅」又名「祭紅」，取宣德造紅瓷，當初為祭祀朝日壇（天壇正位用青，地壇用黃，朝日壇用紅，夕月壇用月白）用器之稱，唐英後來改祭為霽，主要添加文采，使其紅稱有如朝日初霽。（右上圖）

雍正珊瑚紅雙耳爐　北京故宮博物院（右下圖）

未可相信。

　　郎廷極除燒有能與「寶石紅」爭輝的「郎窯紅」外，還燒出多變的「豇豆紅」與沉穩的高溫「霽紅」。「霽紅」又名「祭紅」，取宣德造紅瓷，當初為祭祀朝日壇（天壇正位用青，地壇用黃，朝日壇用紅，夕月壇用月白）用器之稱，唐英後來改祭為霽，主要添加文采，使其紅稱有如朝日初霽。其他「霽藍」、「霽青」皆是由祭而霽，如此稱呼。

　　以上都是高溫銅釉燒出的紅瓷。低溫紅釉如以鐵為著色劑便能燒出「礬紅」（rouge de fer, iron red glazed）、「珊瑚紅」釉器，以金為著色劑便能燒出有如牡丹絕色的「胭脂紅」，尤以雍正時最嬌豔。

寶石紅、郎窯紅、豇豆紅到霽紅

雍正仿鈞窯變弦紋瓶　北京故宮博物院

　　此外，雍正、乾隆期間仿鈞器時故意多次上釉，除塗以銅著色劑外、再加塗鐵、鈷、錳、鈦等一種成多種金屬釉料，在燒製過程中讓這些金屬元素互相激盪熔混，而產生出如窯變自然而然的多紅組合。烈火紅燄，紅得發紫，西方遂稱 Flambe。

奶子軍持
淨水聖器

「軍持」（kendi）是外來語，為宗教及俗世兼用的水器，無執柄，用時手握瓶頸而傾。kendi 呼為軍持的詞源頗為複雜，軍持出自音譯梵文（Sanskrit）的「流嘴壺」（kundi）或 kundika（中國佛教稱為寶瓶），梵語的「ka」為「減小後綴語」（diminutive suffix），凡是梵語後綴以「ka」，均指前文較小之器。因此 kundika，就是比 kundi 較小的「小流嘴壺」，猶如比雪茄（cigar）更小的香煙，就會加「減小後綴語」的「ette」叫香煙（cigarette）。kundi 為 kundika 簡稱，大小混淆不清。印度婆羅門及東南亞小乘佛教國家的 kundika 就有高達 32 公分的銅壺，其特異處為流嘴（spout）多有小蓋，倒水時反多自狹長壺口（mouth）傾出。

第一個提到軍持名字是前在印度求經的僧人法顯（337-422 AD）。他於東晉隆安三年（399）因「慨律藏殘缺」，和慧景、道整、慧應、慧嵬四僧自長安出發，往天竺尋求戒律，歷時十一載，經三十餘國，歸國後

明宣德牡丹纏枝青花軍持（台北鴻禧美術館）。景德鎮官窯出土的明永樂白瓷長嘴軍持及宣德青花長嘴軍
持，有如藍天白雲，風采俊雅，雍容秀麗，不掩國色。（上圖）

唐代白瓷「君稚迦」水器（波士頓美術館）。淨瓶到宋元則多在定州燒成定器，以青、白為主。1969年定州
靜志寺、淨眾院兩寺院舍利塔基地宮出土多件定窯瓷器，其中靜志寺有「白定刻花如意紋龍首淨瓶」、淨眾
院有「白定刻花蓮瓣紋龍首淨瓶」，高25.5cm，長管細口，高頸收窄以便握持，肩及上腹飽滿，肩部出短流
龍首。美國波士頓美術館亦藏有同款白瓷淨瓶，直接稱為「君稚迦」水器（water vessel、kundika），可見這
類淨水瓶，亦已在博物館歸類入軍持類。惟其紋飾簡潔，並無刻花，只飾弦紋，短流直口，不見吐舌小龍，
應是唐代風格。（左頁圖）

著《佛國記》一書，記錄西行見聞，是中外交通史的重要原始資料。

軍持器型特徵有三種，按風格特徵劃分，從六朝隋唐為第一種，宋明為第二種，明清為第三種。第一種軍持即唐代義淨描述的淨水瓶，以北方白瓷青瓷等窯場燒造，包括湖南長沙窯都有。北京故宮藏「白瓷淨瓶」被訂為唐代，描述為「盅口，細頸，頸中部出塔沿，肩豐滿，腹下漸收斂，足外撇，

淺圈足，小彎流，流口也作盅形……此類瓶式大多出於晚唐、五代的墓葬中。」魏禮澤（William Willets）在其《中國藝術》一書就提到早在1928-9年，來自錫蘭的印度佛教藝術專家 Ananda Coomaraswamy（1877-1947）在佛像雕塑中注意到觀音手持淨瓶就是「君稚迦」（kundika），但魏氏置疑觀音手中所有的淨瓶均是「君稚迦」，或手持「君稚迦」的菩薩均是觀音。

鄭和三十年內七下西洋，攜往東南亞國家給佛教與伊斯蘭教用的淨水壺不計其數。明朝是軍持風格一個過渡演變關鍵，與穆斯蘭教徒默禱誦經前後用作淨水壺，同時亦可在民間用作團體互相傳飲、器不沾唇之用有關。馬來西亞軍持研究專家

明洪武釉裡紅梅竹茶花軍持

Khoo Joo Ee（邱如意？）博士在其《軍持：馬來亞大學收藏的水器馬來亞大學收藏的水器》（*Kendi: Pouring Vessels in the University of Malaya Collection*）一書內開章明義指出軍持在東南亞農村社會自古至今原有雙重功能，宗教淨水儀器及仰首持壺離口而飲的水器，無可置疑。她繼續指出這類傳飲器，極宜宗教、社區（communal）傳飲，而節省掉個人飲具。據荷蘭學者 Christiaan J.A. Jorg 指出，後期外貿軍持細流大批輸往伊斯蘭國家，可能是轉用作加管吸水煙器（water pipe）有關。但軍持與水煙器（hukah）形狀雖同，功能各異，未可盡信。

淨水瓶本為佛教僧人在法事中以淨水（lustral water）灑洒、辟邪庇佑，或潔淨法器與佛像揩抹之用。殘唐五代入宋的八稜祕色淨水瓶就是著名器例。明

清軍持不一樣，它在北方河北、南方的閩粵、江西一帶燒製，很多是外貿瓷，器型按需求訂燒。譬如在印尼蘇門答臘出土一只雙角彎出如新月、中間管狀壺嘴的明代青花軍持，上面加鑲馬來銀器護件於角上及壺嘴，明顯為馬來印尼群島伊斯蘭教徒訂製，並受印度雙角銅瓶風格影響。

第二種風格系列（目前出土多以宋代德化印花白瓷或刻花褐釉為多）的宋代軍持器型特徵為敞口長頸圓腹，有凸弦紋，饒富漢意。最容易辨識為肩腹間有一斜斜向上的管狀直流（long, slender spout），流的畢直型狀與18世紀清代出口貿易瓷的西式籐柄茶壺流很相似，行家一看，便即心中有數。可惜目前流傳東南亞出土或海撈宋元民窯軍持，多有殘損褪色，燒造粗糙，難入雅堂。但

明洪武釉裡紅豐葉纏枝牡丹軍持　西雅圖亞洲藝術博物館

在中國景德鎮官窯出土的明永樂白瓷軍持及宣德青花軍持，雖已破損，雍容秀麗，不掩國色，不可同日而語。

第三風格系列的明清軍持，細嘴、窄頸、圓胖球身、球身漲出一道肥短奶狀流嘴（mammiform spouts），俗稱奶子瓶，極是傳神漂亮，尤其洪武能燒出釉裡紅軍持更是稀品，萬中無一，惹人喜愛。闊葉纏枝牡丹釉裡紅軍持是一大類，現分別藏於美國華盛頓州西雅圖藝術博物館（Seattle Art Museum）、丹麥哥本哈根工藝美術博物館（Kunstindustrimuseet, Copenhagen）及中國北京故宮，北京故宮更擁有3件構圖不同的闊葉纏枝牡丹釉裡紅軍持。

青花軍持亮麗亦不遑多讓，因也是青花外貿瓷，圖案經常出現克拉克（kraak）的分屏風貌，日本有田燒、伊萬里及柿右衛門皆生產軍持。1978年4月「東南亞陶瓷學會」（Southeast Asian Ceramics Society）與「新加坡國家博物館」（National Museum, Singapore）合作展出「中國青花瓷」特藏，讓人一窺全豹，並藉比較得悉青花軍持由明到清在造型演變。基本上後期宣德、萬曆軍持奶子狀的短流，已明顯漲大為球莖型流嘴（bulbous spout），但流口極細，水道窄而出水細。

18世紀日本 arita 青花軍持（本頁圖）

18世紀日本彩瓷軍持（上二圖）
明萬曆青花花卉軍持（沉船私人）（下二圖）

如石之藍・如翠之綠
明代琺華彩瓷

　　瓷器的工藝史，就像一部文學文化史，其傳承來龍去脈，息息相關，絲絲入扣，沒有五、七言，何來長短句何來詞曲？明代琺華彩瓷的工藝基礎，與景泰藍（cloisonne）的掐絲填琺瑯極端相似。它的製作共分兩階段，先在素胎用特製的管袋擠出瀝粉或泥漿（slip），雙鉤勒出圖案花紋線條，燒製成器，凸出線條（trailing thin outlines）；然後分別填繪以不同琺華釉彩在其隔離空間，互不淌混，分有金黃、翠綠、藍紫等主色，其紫亦近茄紫（aubergine），再入窯低溫燒成。

　　琺華又名琺花、法華，均是自琉璃釉料發展出來的一種陶胎（earthenware）或瓷胎（porcelain）琉璃彩器。由此可知，琺華因含晶亮半透明的琉璃琺瑯（enamel），更兼填塗彩釉，與琺瑯彩瓷的技術處理，亦緊密啣接。因名琺華，可見其與琺瑯有關。華、花古字相通，以琺瑯釉繪的花紋彩器，就名琺華。此外，把琺華寫作法華，大概以眾所熟知的佛教經典《法華經》（尤其裡面的〈觀世音菩薩普門品〉）作為同音附會。其實《法華經》亦有提到「娑婆世界，其地琉璃」，眾生求福，亦皆給與「金銀、琉璃、硨磲、瑪瑙、珊瑚、琥珀」等諸珍妙寶（卷五〈分別功德品第十七、十八〉）。可見經中所述世間色相，繽紛妙彩。

　　陶胎琺華多出自中國北方山西晉南、陝西、河南等地，器較小；瓷胎琺華則來自昌南景德鎮，器較恢宏燦爛，多為大罐高瓶、官窯香爐之類，感覺厚重。

琺華花鳥如意祥雲罐

美國波士頓美術館（Museum of Fine Arts, Boston）收藏有景德鎮燒製明正德十五年（1520）琺華三獅足鼎龍鳳香爐一座，由於高溫燒自瓷胎，琺華釉色格外晶瑩，琺瑯孔雀藍地如寶石、模塑獅頭鋪首及獅足紫泛水晶，龍鳳刻紋依稀可辨，燁燁生光，肅穆有如神器。

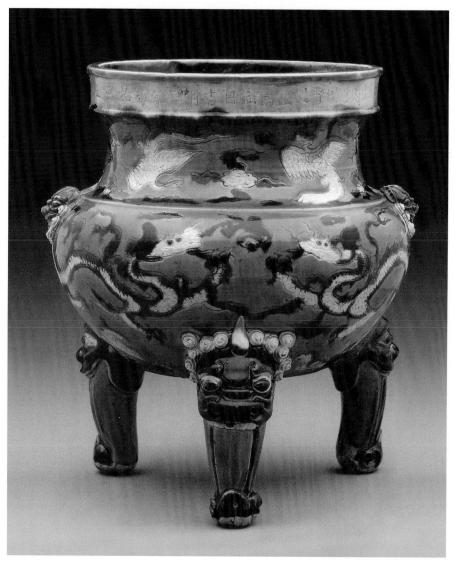

琺華三獅足鼎龍鳳香爐　波士頓美術館

琺華牡丹孔雀綠紋罐

　　此爐首一圈黃地銘文刻字「正德拾伍年四月吉日御馬監提督團營太監孫……」，確定製作年月。御馬監是除了司禮監、內官監、東、西、內廠提督團營太監外，一個頗為重要的職務。當年司禮監太監魏彬與逆惡江彬結為姻戚，內外盤據；御馬監太監張忠、提督團營太監孫和等領兵五千人迎護世宗入京，應就是此公公。此爐與花瓶一雙奉獻於北京石景山靈應娘娘廟，以祈福祉。惜當年的五頂八廟，今多不存。

琺華菊花孔雀綠地象耳瓶

琺華是琉璃基礎發展出來的彩器，琉璃彩以黃綠藍紫四色為主，最明顯就是明永樂遷都北京後在琉璃廠燒出的琉璃瓦，以氧化鐵、銅、鈷、錳為著色劑，及用氧化鉛為助熔劑。其實這類的彩陶釉色組合，唐三彩早已有之；但催動琺華琉璃質地的助熔劑，還有用來製作火藥、琉璃用的硝石，稱為「牙硝」的硝酸鉀（potassium nitrate）。

這是明代在釉料應用礦石化學作用的突進。宋代宋應星《天工開物》〈陶埏第七卷〉內描述琉璃瓦釉色成份，配方仍需礦物料與植物料相併使用——「棕櫚毛等煎汁，塗染成綠黛；赭石、松香、蒲草等塗染成黃，再入別窯，減殺薪火，逼成琉璃寶色。」減殺薪火，就是低溫燒成。

據稱現南京博物院、所存明代琉璃瓦片及建構殘件，釉色斑斕，就是出自永樂、宣德年間由鄭和等人監工燒成的大報恩寺琉璃塔。該琉璃塔通體用琉璃磚瓦燒製，高達九層，曾被 17 世紀西方傳教士稱作世界建築史的奇跡。

琺華彩的特殊裝飾效果就是燒出琺藍、琺翠等強烈民族風格的多彩釉器，都是以藍色殊勝。所謂孔雀綠，也是一種明翠雅麗的藍色，以銅為著色元素的中溫瓷，有似孔雀屏羽時那一抹碧藍亮豔。

入清後西洋琺瑯傳入，琺瑯彩瓷、粉彩、鬥彩相繼崛起，琺華式微，自是意料中事。

琺華獅子獸面鋪首坐墩

琺瑯彩瓷
宮廷盛宴

　　琺瑯（enamel）早年自大食（阿拉伯）諸國傳入中國，明朝景泰年間，生產銅胎掐絲填琺瑯、銅胎畫琺瑯、鏨胎琺瑯，燒出瑰麗多彩圖案的景泰藍（cloisonne）。琺瑯彩瓷（cloisonné enamel ware）是用中國前所未用的硼酸鹽和硅酸鹽、玻璃粉等化合熔製而成不透明（opaque）或半透明（semi-translucent）光澤物質，加上不同氧化金屬氧化銻、氧化鉛等，形成各類色彩。熔製的琺瑯彩冷却後，變成固體，描繪前磨成細粉，摻水或油，調合熔劑內，成不同顏色釉藥。

康熙琺瑯彩胭脂紅地開光牡丹杯　北京故宮博物院

　　銅胎琺瑯景泰藍風靡一時，直落清代，青出於藍。但明朝景泰年以降，到清三代康熙初期，就是無法在素胎上附繪燒出光亮燦爛的琺瑯彩瓷，也就難以臻達西畫所謂濃淺相宜的暈散（blooming）與明暗（chiroscuro）對比手法效果。一直要到景德鎮燒出潔亮雪白的薄瓷白釉胚胎，方能成功在上施繪含有玻璃白的琺瑯彩器。因為色彩豔麗光亮濃厚，胎體堅薄，讓人捧賞有如

瀏覽西洋濃郁油彩的油畫，滿器施釉描繪，即使地色，也全是色地，有如錦上添花。

　　琺瑯彩瓷之為絕色極品，就因為是清三代皇室指定燒製的御器，前後不過四十多年，因為生產不易，產量稀少，逐漸讓步於同時崛起的粉彩（famille rose）瓷器，可見清代彩器獨步天下，得來不易。

　　康熙雍容氣度，開國之君，盛世之下，深受西方傳教士基督科學文明、藝術影響，瓷器方面，尤喜愛法國有「法國景德鎮」之稱的利摩日（Limoges）出產的皇室御用華麗瓷器。

晚清百花彩蝶多寶格景泰藍茶具（私人）。銅胎琺瑯景泰藍風靡一時，直落清代，青出於藍。

利摩日始建於羅馬時代的西元前 12 世紀，位於法國中部。因為也有高嶺土，能燒出白色瓷胎。彩畫琺瑯在 15 世紀，由比利時、法國和荷蘭三國交界的法蘭德斯（Flanders）地區創新。15 世紀末，其製作中心逐漸轉移到法國中西部城市，尤以利摩日為發展重鎮。

18 世紀西方傳教士擔負東西文化文流，利摩日生產的美麗瓷鐘，亦為康熙雍正兩代皇室收藏，至今仍然被保存在兩岸故宮。西方教士把江西景德鎮及福建德化瓷器技術帶回歐洲，利摩日一度曾生產白瓷觀音，被稱為西方觀音。

景德鎮燒出亮白薄瓷胚胎，克服了填上琺瑯彩的技術障礙，康熙便把在江西、廣東善彩繪匠人召上北京入宮，與畫琺瑯瓷的法國工匠在內廷一起製作，

康熙琺瑯彩花卉碗。觀玩康熙琺瑯彩瓷，如赴一場宮廷盛宴，濃妝艷抹，衣香鬢影，雍容華貴。碗器紋飾多以牡丹、番蓮為主，也惜因釉厚，康熙燒成的琺瑯紅彩瓷經數百載後常有輕微冰裂紋。

康熙琺瑯彩紅地蓮花瓶　北京故宮博物院

雍正琺瑯彩百花不露地碗　北京故宮博物院

因而產生妙絕天下，融合中西藝術的琺瑯彩瓷。

　　西洋琺瑯彩料凝稠濃厚，釉色拼接堆疊有立體感，胎薄碗盤內壁直可透影，驟眼看來彩器如錦衣覆體、彩雲片片，撫玩之下卻凹凸分明。觀玩康熙琺瑯彩瓷，如赴一場宮廷盛宴，濃妝豔抹，衣香鬢影，雍容華貴。碗器紋飾多以牡丹、番蓮為主，也惜因釉厚，康熙燒成的琺瑯紅彩瓷經數百載後常有輕微冰裂紋。

　　雍正四年雖尚有西洋國進貢琺瑯彩料的記載，但兩年後宮中已自製琺瑯釉藥成功，不似康熙前朝，全部依賴西洋進口琺瑯釉彩。由於新造彩料顏色豐富，調色濃淡較有舒展餘地，構圖清秀雅麗。東、西洋影響之餘，又回到中國

雍正藍琺瑯彩白地山水碗　北京故宮博物院

繪畫的山水人物，松竹花卉，常以白地呈現抒情傳統詩、書、畫，加上瓷白如雪，可謂四絕色。

雍正一朝琺瑯彩瓷，極盡豔麗情事。琺瑯彩繪百花碗，繁花盛開，花團錦簇。其豔濃處，露滴牡丹花開、胭脂黃彩鬥豔，幾無留白之所，人稱「百花不留白」，可見春意濃郁。由於琺瑯彩瓷在宮中有「呈核再做」程序，御批之餘，反映出雍正皇帝高雅的藝術品味，包括水墨琺瑯和青色山水琺瑯。

琺瑯彩瓷配色，白地如雪。白地琺瑯藍彩山水猶勝青花，黃地琺瑯瓷碗配蘭石、紅梅、臘梅、或桃李，令人目為之眩。黃色為清宮權威，黃地琺瑯彩繪赭黃雲龍瓷碗，儼如宮中儀容。最精彩尚有仿前朝開光彩瓷，胭脂紅（金

子紅）地琺瑯彩開光花鳥碗外壁，分以三面白地開光描繪「靈（芝）山福（蝠）海」、「福（蝠）壽（桃）雙全」、「喜（鵲）上眉（梅）梢・竹報平安」，琺瑯胭脂紅均勻亮麗，酡顏如醉。

乾隆年間琺瑯彩已讓步粉彩、素三彩（famille verte）及墨彩（famille noir），但十全老人除武功外，藝術造詣及興趣皆不弱前朝。琺瑯彩瓷的造型更是多姿多彩，嬰戲雙連合歡瓶為佼佼者，蓋瓶雙連接，連體連心，心心相印，瓶身兩組孩嬉戲，一組兩雙嬰共四人玩三羊，喻三羊開泰。另一組九嬰分別嬉玩，喻龍生九子，一子抱瓶，瓶口飛出五隻蝙蝠，喻五福臨門。

琺瑯彩重視彩地陪襯，受掐絲銅胎景泰藍影響，乾隆琺瑯彩地常有錦地，即是用尖刀針具，在彩地上勾刻出有如錦繡細緻暗紋圖案來陪襯器上花卉，稱謂「錦上添花」。

雍正琺瑯彩胭脂地開光靈山福壽喜鵲碗（北京故宮博物院）。胭脂紅（金子紅）地琺瑯彩開光花鳥碗外壁，分以三面白地開光描繪「靈（芝）山福（蝠）海」、「福（蝠）壽（桃）雙全」、「喜（鵲）上眉（梅）梢・竹報平安」，琺瑯胭脂紅均勻亮麗，酡顏如醉。

乾隆琺瑯彩胭脂玻璃白地嬰戲連體合歡瓶（北京故宮博物院）。嬰戲雙連合歡瓶為佼佼者，蓋瓶雙連接，連
體連心，心心相印，瓶身兩組嬰孩嬉戲，一組兩雙嬰共四人玩三羊，喻三羊開泰。另一組九嬰分別嬉玩，喻
龍生九子，一子抱瓶，瓶口飛出五隻蝙蝠，喻五福臨門。

晚清琺瑯畫銅胎山水清玩小碟。騷人雅士國畫繪製絳彩之餘，也會以嶺南畫派山水筆法銅胎畫琺瑯，別有一番韻味。（本頁圖）

乾隆宮廷尚有西洋琺瑯彩工匠供職，因而彩器常有西方美婦嬰孩，亦是清代外貿瓷一大特色，但不限於琺瑯彩，粉彩、五彩皆甚多。清三代以後，琺瑯仍有出產，但已被其他單色釉器及粉彩取代，清末廣彩一出，琳瑯繽紛，滿體華麗，又是另一場華宴。倒是騷人雅士國畫繪製絳彩之餘，也會以嶺南畫派山水筆法銅胎畫琺瑯，別有一番韻味。

雍正琺瑯彩白地錦雉丹碗　北京故宮博物院（上圖）
乾隆琺瑯彩淺綠地錦上添花碗（台北故宮博物院）。乾隆琺瑯彩地常有錦地，即是用尖刀針具，在彩地上勾
刻出有如錦繡細緻暗紋圖案來陪襯器上花卉，稱謂「錦上添花」。（下圖）

粉彩秀麗
國色天香

雍正粉彩白地雙飛彩蝶碗

　　清三代彩瓷最具特色，然五彩、鬥彩為前朝遺老、並非原創，倒是低溫釉上彩（overglaze）的「粉彩」一代絕色，秀麗柔潤、國色天香。法文稱為 famille rose「紅彩家族」（rose family），即是指這類紅釉系列為主色的彩瓷，淡如桃紅，深若嫣紫，婀娜多姿、千變萬化。此詞為法國藝術史學者傑克麥（Albert Jacquemart, 1808-1875）新創（coined），專指粉彩瓷器。

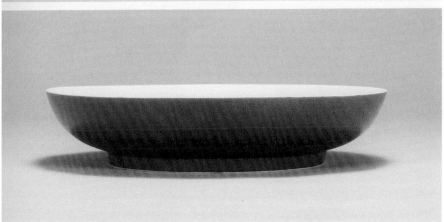

雍正胭脂紅粉彩蜂戲花盤　台北鴻禧美術館

說到粉彩，多會提到玻璃白，然要談乳濁光亮的玻璃白，必須加配彩色繽紛的琺瑯（enamel）才成粉彩。

玻璃白是一種含砷、硅的不透明乳白玻璃，再配以其他天然礦石、硝酸鉀及鉛塊熔劑，能使色彩柔和軟化，所以粉彩又有「軟彩」之稱。

粉彩始於康熙末，大成於雍正、乾隆兩朝。它是釉上彩，因為第一層白釉施在素胎燒製而成瓷胎後，再在白釉上彩繪燒製。白瓷胎多自景德鎮運送上京，再由宮中畫師用琺瑯彩在上加繪而成粉彩，所以粉彩不止彩色秀麗，筆法更纖柔雅緻、濃淡得宜。其中關鍵，仍是宮中畫師高手與民間工匠的分別。行家一看胭脂紅彩與描繪，自然心中有數，但現今除博物館與私人珍藏，大內粉彩能流市面，又談何容易！

乾隆粉彩花鳥盤，此為巴黎吉美博物館收藏，中國彩瓷極豐富。美國則以洛克斐勒家族收藏為多（上圖）
雍正粉彩脂胭紅桃碗。康熙雍正時期的粉彩，多喜器外施嬌豔胭脂紅，器內彩繪花卉果鳥於玻璃白上，唇紅齒白、麗質天然。（下二圖）

雍正粉彩人物筒

道光粉彩鴛鴦荷花盤

　　玻璃白的作用，就是在瓷胎上「打底」，彩料在它的上面勻繪出各種花卉禽蟲。雍正、乾隆年間掌握技術後，就在全施玻璃白的瓷胎再上彩。琺瑯彩是一種濃郁油彩，畫工可以利用各類彩筆與筆法，把彩料暈開打散，花瓣枝葉間，深淺濃淡，陰陽各分，做成西方油畫的厚薄層次立體效果，也有水彩的明暗濃淺，與青花、五彩、鬥彩等的平面描繪各擅勝場。

　　早期紅彩家族以「胭脂紅」豔麗迫人，那是一種用微量金為著色劑的低

雍正粉彩九桃過枝大盤（北京故宮博物院）。描繪手法又有所謂「過枝」的粉彩特殊裝飾技法，把花卉大盤外緣的花枝紋飾，伸延越過邊緣連接入盤內枝葉花果。以蝙蝠為福、壽桃為壽，外盤緣綴繪滿枝三桃花葉，跨越盤邊連入盤內的雙蝙蝠六桃果，吉祥連綿，意境深遠。

溫釉料，在攝氏800度左右焙燒，釉汁勻淨，細膩光潤，微紫色映，如紅粉胭脂，又稱「胭脂水」。將金入釉著色方法並非景德鎮工匠發明，而是西洋1650年荷蘭萊頓人嘉西阿斯（Andreas Cassius）及兒子發明用微量黃金的「嘉氏紫」（Purple of Cassius），把紫金（gold-purple）帶入寶石紅玻璃（ruby glass）及琺瑯彩（enamel colors）製作。這種釉料技術於1682年（康熙21年）才開始在中國大量使用，稱為「洋彩」，胭脂紅則稱「洋紅」。

康熙雍正時期的粉彩，多喜器外施嬌豔胭脂紅，器內彩繪花卉果鳥於玻璃白上，脣紅齒白、麗質天然。描繪手法又有所謂「過枝」的粉彩特殊裝飾技法，把花卉大盤外緣的花枝紋飾，伸延越過邊緣連接入盤內枝葉花果。雍正「粉彩福壽九桃過枝紋盤」，以蝙蝠為福、壽桃為壽，外盤緣綴繪滿枝三桃花葉，跨越盤邊連入盤內的雙蝙蝠六桃果，吉祥連綿，意境深遠。

乾隆粉彩御題執壺

粉彩秀麗・國色天香

乾隆粉彩百鹿雙耳大尊（北京故宮博物院）。近年坊間多作仿製的「粉彩百鹿雙耳大尊」，就是雍乾皇朝的傑作。

乾隆粉彩白地金線胭脂紅西洋婦女瓶

粉彩因採用琺瑯彩料關係，與康熙年間的琺瑯彩瓷名稱上頗為混淆。但有一點可以肯定就是——粉彩利用玻璃白的粉軟呈色，清麗彩秀，大多數粉彩皆白地（底色）為主，雖也有黃、紅地。

康熙年間的琺瑯彩瓷自法國傳入，華麗鮮豔，色相奪目，圖飾滿器，甚少留白，多以藍、黃、紅、綠、紫等為色地。到雍正年間也有白地，紋飾多以花鳥山水竹石，譬如近年坊間多作仿製的「粉彩百鹿雙耳大尊」，就是雍正皇朝的傑作。其他尚有牡丹雉鵲等中國主題，瓷上題詩，詩中有畫。乾隆年彩器流行前朝開光裝飾，瓶罐碗盒，分繪西洋婦女、山水人物，粉彩亦如此，但有粉彩鬥彩合併描繪於同一瓷器，加上詩句，精采絕倫。御窯常有所謂「古月軒」製，常以此落款，但因清宮並無「古月軒」，故存疑。歐洲諸國，法國巴黎吉美博物館（Musée Guimet）收藏中國

雍正琺瑯彩粉彩芙蓉花鳥題詩碗（本頁圖）

彩瓷極豐富，美國則以洛克斐勒（Rockefeller）家族藏品強盛，此家族由一世至三世均重視中國瓷器收藏，2005年其中一個洛克斐勒家族在紐約上州住宅用來做檯燈的明永樂青花人物梅瓶，在紐約蘇富比拍得3,936,000美元，得主為向以出手豪綽見稱的倫敦老古董商Giuseppe Eskenazi。

粉彩盛衰恰足反映清朝國力氣勢強弱，三代初期，官窯粉彩珠光寶氣，及至道光，尚有十二杯一套「粉彩十二月花卉詩句杯」，杯中內緣各題墨色詩句一行，如「一杯相屬成知己」、「二人對酌山花開」……，風采不減康熙當年「五彩十二月花卉套杯」。然道光以降，咸豐同治，色彩浮豔、光芒收斂，無復盛世風采。

倒是晚清民窯粉彩大量生產，充滿民間喜慶活潑氣息，廣受群眾喜愛樂用，瓷盤供碗，外飾花卉蟲鳥，內鋪綠松石粉藍地滿釉，筆法遒健，喜氣洋洋，如意吉祥。

乾隆粉鬥合彩花卉詩句瓶　北京故宮博物院

道光粉彩十二月花卉詩句杯（北京故宮博物院）。杯中內緣各題墨色詩句一行，如「一杯相屬成知己」、
「二人對酌山花開」……，風采不減康熙當年「五彩十二月花卉套杯」。（上圖）
道光粉彩民窯花鳥八稜供碗（下二圖）

廣彩金碧
如錦遍地

　　廣彩是清代入民國南方低溫彩瓷的一種驕傲成就，名為廣彩，就指廣州出產及出口彩繪描金瓷器。它在外貿瓷的代表性，佔有重要地位，只可惜晚清陶瓷衰落，許多學者的陶瓷史或圖典，多不分類見載，至是不公。

　　廣彩與清代彩瓷如粉彩、琺瑯彩、素三彩等低溫釉上彩瓷器關係密不可分，康熙年間便利用景德鎮的素白瓷胎彩繪加製，在廣州珠江對岸「河南」

乾隆廣彩錦地四面開光歡樂人家大碗　廣東省博物館

光緒廣彩八棱銅提梁壺　廣東省博物館

的南岸地區烘焙而成。這種加工方法自晚清入民國一直不變,近代如江西、廣東、甚至香港各地都有加工塗彩燒製出口,尤以西洋茶具為多;底款落英文made in China,也可能是 20 世紀 50、60 年代作品,不算新瓷了。

　　廣彩除了絢爛華麗的紅綠彩、金碧輝煌、織金彩繪、金絲萬縷裝飾花款外,另有一種清麗脫俗、文人畫家參與創作的風格,為中國彩瓷開拓了如淺絳、墨彩等釉上彩的新領域。

　　廣彩的興盛,與明清兩代海禁頗有關係,明代自永樂始,海禁不斷,要到晚明萬曆方自正式開禁,然而需求日亟,尤其東南亞諸國的轉口西方貿易,

乾隆廣彩葡萄牙族徽茶花菊董薊盤　沙巴治先生藏

獲利甚豐，因而南方海岸一帶的民間瓷器出口，絡繹不絕，陽奉陰違。每遇中國瓷器短缺，方才向能燒出青瓷的泰國及燒出青花的越南補給。入清亦一度海禁，康熙二十三年（1684）解禁，康雍乾三代每年出口瓷器數百萬計。清代彩瓷的興起改良，與西方彩瓷相互影響，千絲萬縷，極富研究意義。今天許多西方人對中國瓷器黑白不分，動輒稱為「南京」（Nanking）或「廣州」（Canton）盤壺杯碗，就多泛指以「南京」為景德鎮瓷，及以「廣州」為廣彩或青花瓷，其實廣彩應叫 Canton Famille Rose。

廣彩金碧・如錦遍地

乾隆廣彩廣州珠江十三行大碗　美國 Washington and Lee 大學藏

　　乾隆二十二年（1757）規定所有出口貿易以廣州為中心，就最大宗的出口
陶瓷貿易而言，廣州陡然蛻變成貿易瓷的前鋒一線位置，帶動附近佛山石灣、
潮汕等地的瓷器生產。嘉道年間廣州市省城十三行的成立，彩瓷中的廣彩生產
已佔領導地位，現今尤以廣東省博物館收藏的百餘件清代廣彩最為精彩。當然
青花、青白、白瓷等外貿瓷仍以景德鎮、德化、漳州等地各領風騷。

　　廣彩本來「式多奇巧，歲無定樣」（《景德鎮陶錄》卷二），就是説西方市場
要訂製什麼，粵東人就生產「販去與洋鬼子載市」。以清代大宗出口的餐器

「羊城芳村、化觀瓷畫室」廣彩山水人物盤　廣東省博物館（上圖）
「羊城芳村、化觀瓷畫室」廣彩山水盤　廣東省博物館（右頁上圖）
宣統廣彩群鹿瓷畫板　高劍僧繪　廣東省博物館藏（右頁下圖）

碗盤與咖啡茶具來看，就遵照客人所繪畫出來的圖案、尺寸、樣款內容進行繪燒，因此極多為了吉慶典禮特訂的「勳章」（Fitzhugh）及「族徽」（coat of arms）彩瓷餐器套件，均燒自廣彩。

　　日久生巧，廣彩逐漸形成畫風風格。西洋風而言，除了絢麗華豔，還加上廣州自製的廣翠（青花）、西洋紅（西紅，不用胭脂紅）、鶴春（蛋殼色，粵人稱蛋卵為春）、茄紫、烏金（豔黑）、粉綠等釉料，顏色面貌一新。筆法也採用西方的暈散、明暗、透視，因而寫實效果極強，對實物的花果人物描繪立竿見影，一洗民窯寫意隨意的陋習。

傳統畫風方面，因為吸取西方金碧輝煌璀璨、如錦遍地，因而各種廣彩人物樓閣、花果蝶鳥，經常展示出一種故事敘述，令人流連觀賞，尋幽探勝，四季比興，趣味盎然。清末民初，文人畫家更參與繪作廣彩瓷畫，嶺南畫派宗師高劍父與陳樹人成立「廣東博物商會」，其他諸人合辦的「羊城芳村、化觀瓷畫室」，浮光耀金，靜影沉璧，使廣彩瓷繪衍進入國畫抒情境界。

　　據廣東省博物館編的《廣彩瓷器》（2001）內載，高劍父存世的廣彩瓷，就有光緒年下款飛巖老人寫於博物商會的「壽星擔桃葵花盤」，以褐、黑、紅、黃、藍、綠、紫七彩繪出擔桃壽星，盤上題詩一首：「傴僂其形，岐嶷其狀；惟酒無量，壽亦無量。」

現代廣彩錦地開光大觀園描金獅耳瓣口瓶　趙國垣製　廣東省博物館

　　高奇峰（高氏三兄弟，另一為高奇僧）、潘冷殘、陳樹人亦合繪有廣彩雀鳥冷月栖篁醬地敞口盤，高奇峰畫七麻雀、潘冷殘畫雪竹、陳樹人畫冷月一輪，足見世情酷冷，物以類聚，相偎相依，倍顯澡雪精神。

　　近代廣彩在廣東由於老藝人趙國垣、歐立勤、司徒寧、余培等人堅持薪火相傳，王兆章、張兆棠、許恩福、梁曉明、歐兆祺、趙桂貞、王銳等均是佼佼者，繼承以深厚嶺南畫派寫生基礎，折衷中外，融匯古今，心歸造化，一點不遜景德鎮、醴陵等窯自清代以傳統工藝融入現代的瓷藝。

廣彩「壽星擔桃葵花盤」　高劍父繪製　廣東民間工藝博物館（上圖）
廣彩雀鳥冷月栖篁醬地敞口盤　高奇峰、潘冷殘、陳樹人合繪　廣東省博物館（左下圖）
現代廣彩雄雞木棉花鳥盤　司徒寧繪　廣東省博物館藏（右下圖）

淺絳淡描
瓷上作畫

廣彩在清末民初乘貿易瓷出口需求，一度大放異彩，於粉彩、琺瑯、鬥彩等異色中競相爭雄，然在彩瓷發展史的獨特位置，除本身豔麗色相，更由於南方文人畫家在瓷上作畫的介入，尤其高劍父兄弟嶺南畫派的畫風，使廣彩瓷陡然在傳統紋飾上產生兩種變化：一是國畫山水花鳥人物成為紋飾主題，二是借畫上題詩，把明代吳門浙派所謂詩書畫三絕的實踐，移到瓷中畫作。欣賞彩瓷，除了它淡抹深描，還可以進入藝術家呈現的意境，更因藝者下款題名，名垂千古。

不同於平面紙絹，瓷上作畫是因物起興。筆筒帽筒，有借其長形方狀，四面山水渲染，一面景色盡，另一面風景生；小茶杯碟，別有題材簡潔、舒情詠性的小天地；其他瓷板、紙槌瓶、花瓶、瓷盤、茶壺因型狀相異，下筆起興主題不同，詩詠各異其趣，時有靈思佳句，出人意表。

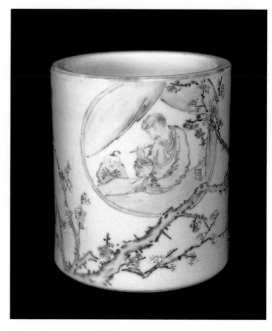

俞子明「春庭詩思」筆筒

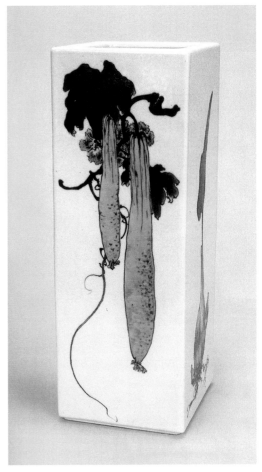

王步「牽牛花」彩瓷方筒（左圖）
王步「瓜菜」青花箭筒（右圖）

　　這就是淺絳彩瓷的產生。淺絳，本是繪畫中的赭色淡染，色彩柔和秀麗，加諸於瓷器的小品淡描，至是恰當。西方無以名之，亦只有音譯「qianjiang」，人們未加深究，多歸諸粉彩（famille rose）系列，無可奈何。也許來自廣彩金鑲滾邊傳統，淺絳彩瓷在小茶杯碗有一鑑証特色，器口常有一抹金邊，經常脫落，從不完整。

　　劉新園在〈景德鎮近代陶人錄〉一文內提出五點粉彩與淺絳的相異，除了質料上作出分別，還指出民間淺絳藝人比晚清粉彩工匠有較高的文化水平（關善明主編《瓷藝與畫藝》，香港藝術館，1990）。其實何止如此，淺絳令人驚豔，就是

程門「雲山飛瀑」淺絳瓷板

　　嶺南派文人畫風灑脫寫意兼寫實表揚，進一步影響當代景德鎮陶彩的國畫風格，淡描濃抹，總也相宜。

　　　　嶺南畫派成立於 1920 年代，由廣東籍的二高一陳——高劍父、高奇峰、陳樹人組成國畫革新運動。這三位早年均曾留學日本（高劍父更參加國父的「同盟會」及革命運動），鑑於當時中國畫壇互相抄襲、陳陳相因，因而提倡改革，主張「折衷中外，融合古今」的口號，吸收西方油畫的凝重、水彩的活潑、粉筆的朦朧，始創新國畫運動，漸漸為國人所接受，從而冠以「嶺南畫派」稱號。他們因為素描基礎好，強調寫生，更由於國畫根基的毛筆乾濕並重，骨力雄渾，畫面賦染，色彩鮮亮豐富，尤其長於表現物器的明暗空間，線條流暢，意境深逸，對近代中國畫家及陶瓷藝壇，尤其當今景德鎮「新彩」工

金品卿「茂材修竹」淺絳瓷板

藝陶瓷，影響深遠。

　　自廣東到江西，甚至江浙等地，民國以來瓷上作畫輾轉相傳，互創新藝。我們可以這樣說，古代瓷器匠人以藝成物，不以名傳，而以器傳。現今瓷器匠人借物入藝，既以名傳，亦以器傳。一件工藝器，揉合了工匠的手工與畫藝。景德鎮老一輩藝師號稱「青花大王」的王步，其畫作與藝器便合成一體，世間絕色，美不勝收。

　　專家研究都強調淺絳彩瓷成於晚清的道光咸豐、盛於同治光緒、蛻變於宣統民國（梁基永編著《中國淺絳彩瓷》，北京：文物出版社，2002），因此由廣彩、淺絳，回歸入景德鎮現代新彩的大傳統，均有跡可循。自咸豐到同治光緒（1581-1908）年間，有所謂淺絳三大名家的程門、金品卿、王少維等大師級

藝匠，帶動瓷上繪製山水花鳥人物，各擅勝場，可謂力挽狂瀾。咸豐年間的太平天國運動與列強覬覦，慈禧垂廉於幼帝同治，景德鎮御窯廠已萎頹不振，圖案紋飾流入一般民俗吉祥如意。也就倚賴程門、金品卿、王少維等宗師藝匠的帶頭作用，以淺絳帶給彩瓷一股清新典雅氣息。

這三人均是安徽人，說他們繼承弘仁以降的新安畫派過甚其言，程門山水彩瓷具清初四王畫風，有王原祁味，輕皴展舒，緩而不疾，瓷板作畫能如此，甚是難得。江西地接安徽省皖南山區徽州，古稱新安，是徽商發祥地，明清時期徽商稱霸全國商界三百餘年，有「無徽不成鎮」之號。他們在景德鎮經營錢莊，雅好文藝，與同鄉絳彩畫師們的作品在景德鄉之受歡迎推崇（patronize）不無關係，尤其上述的程、金、王三家及其他不一定為皖人如汪友棠、黃士陵、吳待秋、潘陶宇等出色藝匠，因茲傳承，而使後來的「珠山八友」等人大放光芒。

金品卿於光緒三年（1877）繪有「茂林修竹」瓷板，意境飄逸，其同道時任饒州刺史的王鳳池曾提及「此黟山品卿居士以珠山瓷箋寄吾宗……，覺筆墨

王少維「幽居圖」淺絳方壺

光緒淺絳人物杯（本頁圖）

間亦含蕙風和暢之意……，余見而動幽情」。蕙風和暢是畫風，見而動幽情是
知音，欣喜之情，見於眉睫。以瓷作箋，更是雅緻之至，無出其右。

　　清末御窰停燒後，流落民窰大量製作瓷板瓷器彩畫高手還有號稱「珠山
八友」的王琦、王大凡、汪野亭（其師父高心田的淺絳山水人物亦多坊間流
傳）、鄧碧珊、畢伯濤、何許人、程意亭、劉雨岑。也有把畢伯濤及何許人，
換作徐仲南、田鶴仙，可見這團體並不止八人。珠山在景德鎮市內，明清以
來，均為宮廷燒製御器的御窰廠址，因而亦成為景德鎮陶瓷聖地的象徵與別
稱。清代建有「朝天閣」，現重建有「龍珠閣」。

光緒淺絳山水筆筒

他們並非藝術風格形式統一的流派,而是全面繼承了淺絳彩瓷傳統,相約每月十五日圓之夜在景德鎮的「文明酒樓」共聚雅集,因而又叫「月圓會」。王大凡曾有紀事詩畫云:「道義相交信有因,珠山結社志圖新,羽毛山水梅與竹,花卉魚蟲草與人。畫法唯宗南北派,作風不讓東西鄰,聊將此幅留鴻爪,每全月圓會一輪。」道義相交,珠山結社,千載難得,可遇而不可求。怪不得許

光緒張少雲富貴白頭瓷

多文雅之士，都常在絳彩瓷器上有「珠山客次」或「造於珠山」的下款雅習。

　　光緒年間景德鎮絳彩仍高手如雲，如張子雲、張少英、張子帥、陳光輝等大師。有所謂嫁妝瓷的成套訂製「富貴白頭」瓷，繪以白頭翁鳥配紅艷富貴牡丹花，整套瓶罐、盤碟、壺杯均有。惜今日整套存世極稀，單件流傳則仍有。

墨分五色・色不迷人
墨彩瓷的特色

清代彩色瓷器兩種特色，除了七彩繽紛的琺瑯、鬥彩、五彩或粉彩外，就算瓷上繪畫介入的淺絳與墨彩了。《中國古陶瓷圖典》內「墨彩」條目這麼說──「瓷器裝飾彩之一，以黑色為主兼用礬紅、本金等彩料，在瓷器上繪

康熙素三彩花鳥黑地大碗（台北鴻禧美術館）。但見夜裡貓頭鷹棲息老梅樹椏，目光灼灼如炬，鳥身赭綠黃三色相配，醒目傳神。

康熙黑釉描金紙鎚瓶（北京故宮博物院）。康熙年間有以景德鎮特殊烏金土製成光澤如漆的黑釉（又稱烏金釉）作地，再描金裝飾，燒出所謂黑釉描金彩瓷，其色沉斂肅穆，又是另一番色相。

畫，經彩爐烘烤而成。墨彩始見於清康熙時期，是五彩、琺瑯彩、粉彩瓷器中常見的色彩。濃黑的彩料在似雪的白釉下裝飾繪畫，亦深亦淺，可濃可淡，與水墨畫的效果相似。所以又稱之為彩水墨畫」。

其實墨彩才是真正的「黑色家族」（famille noir），它包括上面這段話的前半段——康熙年間開始，在各類彩瓷色調中以墨黑為主調或協調的黑釉彩瓷；或為黑地，或為主紋。最明顯就是素三彩常用的墨彩，有時在黃、綠、白的主色調裡配黑地，反賓為主，更彰顯綠黃雙彩。譬如清代「素三彩梅花黑地蓋罐」（prunus blossom jar），常以黑地配臘梅，白梅如雪，遍體光澤潤麗，猶如漆黑夜裡閃爍滿天星光。

康熙黑釉金彩提梁茶壺　北京故宮博物院

雍正絳墨山水人物小杯（廣東省博物館）。口徑僅7.6公分，杯口內寬緣繪藍地赭花一圈。杯外通體雪白，
以赭加墨，上繪秋林茅廬，三、五幽人前赴雅集。有人臨水遠眺，若有所思；有人趑趄不前，若有所待。似
有清風吹過，葉落無聲。（上圖）
雍正墨彩山水盤（廣東省博物館）。但見雲淡風輕，山色如畫，小橋流水，疏林空舍，未見幽人。（下圖）

雍正赭墨琺瑯彩山水人物筆筒（波士頓美術館）。筆筒主畫面二人尋幽探勝，邊走邊回頭，互訴心聲。

　　早年藝工細緻，許多時候黑地素三彩，多先上一層綠釉，把綠色主題釐定，刮去多餘綠色，再補一遍黑地，及分別填上其他鵝黃、茄紫等彩紋。黃地、綠地亦皆如此程序，全部色彩填補後，最後一次低溫燒成。康熙「素三彩花鳥黑地大碗」但見夜裡貓頭鷹棲息老梅樹椏，目光灼灼如炬，鳥身赭綠黃三色相配，醒目傳神。

　　康熙年間有以景德鎮特殊烏金土製成光澤如漆的黑釉（又稱烏金釉）作地，再描金裝飾，燒出所謂黑釉描金彩瓷，其色沉斂肅穆，又是另一番色相。

雍正赭墨琺瑯彩山水人物蓋杯（波士頓美術館）。　蓋杯蓋上繪兩人大石倚坐，上有梧桐蔭影，下有潺潺泉咽。杯身繪山林樓宇，遠峰蒼茫，近林豐鬱，正是好個所在。

代表器有「黑釉描金紙鎚瓶」、「黑釉金彩茶壺」。雍正年間燒有「黑釉描金雲龍戲珠高足杯」，唐英在《陶成紀事》內提到「新製仿烏金釉，黑地白花、黑地描金二種」。

　　清三代以降，也有改黑為藍，流行霽藍描金、灑藍描金、天藍描金等彩瓷。

　　上面《圖典》的後半段話「濃黑的彩料在似雪的白釉下裝飾繪畫，亦深亦淺，可濃可淡，與水墨畫的效果相似」，卻是指另一種以赭墨琺瑯彩（sepia enamel）繪畫於白瓷上的墨彩瓷，以山水為主，詩畫兼備，尤其自雍正始，純粹以國畫筆法描繪，乍看就是一幅瓷上山水畫，隨著器物的形狀起意迂迴繪寫，可以看作是晚清淺絳瓷的開路先鋒。除乾濕外，墨分五色，焦、濃、重、淡、輕。以畫筆濡墨釉，循黃公望、倪雲林、董其昌等大師的筆墨風格，移繪入雪白瓷胎，再塗罩一層透明釉，真是山林素淨，淡雅如秋。

　　廣東省博物館藏有「雍正墨彩山水盤」，但見雲淡風輕，山色如畫，小橋流水，疏林空舍，未見幽人。另又藏有「雍正絳墨山水人物小杯」一只，口徑僅 7.6 公分，杯口內寬緣繪藍地赭花一圈。杯外通體雪白，以赭加墨，上繪秋林茅廬，三、五幽人前赴雅集。有人臨水遠眺，若有所思；有人趑趄不前，若有所待。似有清風吹過，葉落無聲。

雍正黑釉描金雲龍戲珠高足杯（北京故宮博物院）。雍正年間燒有黑釉描金高足杯，唐英在《陶成紀事》內提到「新製仿烏金釉，黑地白花、黑地描金二種」。

　　美國波士頓藝博館亦藏有雍正大內畫師在景德鎮燒好素白胎上繪製的「赭墨琺瑯彩山水人物筆筒」及「赭墨琺瑯彩山水人物蓋杯」，筆法高妙，繪瓷如繪紙絹。但見畫筆沿筆筒平面橫過，舒展出高山流水，屋宇人家。山石渲染微皴，絲毫不弱大痴雲林，筆筒主畫面二人尋幽探勝，邊走邊回頭，互訴心聲。蓋杯蓋上則繪兩人大石倚坐，上有梧桐蔭影，下有潺潺泉咽。杯身繪山林樓宇，遠峰蒼茫，近林豐鬱，正是好個所在。據云筒、杯風格統一，均出自同一畫師手筆。

　　早年康熙五彩山水亦見赭墨題詩端倪，有一個「五

康熙五彩山水人物缸（北京故宮博物院）。口徑有22.2公分，足底雙青花圈。紋飾除翠綠山石，小橋流水，其他皆以赭墨描繪兩人憑欄觀魚，遠處山明水秀，近處亭台雅士。（上圖）
五彩山水人物缸。另一邊墨彩題詩「花港觀魚」一首，詩云：「麗日金波濯錦鱗，暖風吹浪乍浮沉；也知吾樂非魚樂，不是濠梁傲世心。」下款素庵。（下圖）

彩山水人物缸」，口徑有 22.2 公分，足底雙青花圈。紋飾除翠綠山石，小橋流水，其他皆以赭墨描繪兩人憑欄觀魚，遠處山明水秀，近處亭台雅士。另一邊墨彩題詩「花港觀魚」一首，詩云：「麗日金波濯錦鱗，暖風吹浪乍浮沉；也知吾樂非魚樂，不是濠梁傲世心。」下款素庵，不知何許人，亦不需悉何許人也。

彩陶藝術
史前文明

「半坡」人面魚紋彩陶盤

瑞典考古地質學家安特生（Johann Gunnar Andersson, 1874-1960）於 1921 在河南澠池縣仰韶村及甘肅青海、東北等地分別發現了新石器時期（neolithic）的彩陶與石製器具，約於西元前 3500 到 1700 年，或甚至更早。

安特生早在 1918 年已與吉柏（J. McGregor Gibb）注意到北京近郊雞骨山

「大地灣」三足大陶碗盤

出土有齧齒化石（rodent fossil），本地人均視為雞骨，遂稱雞骨山。安特生遂於 1921 年在北京西南 48 公里房山區周口店村的龍骨山，發現了「北京人」遺址。兩年後再與其助手，奧地利古生物學者斯丹士基（Otto Zdansky），展開考古發掘，出土大批化石，並宣稱發現兩顆人類前臼齒（pre-molars）。跟著又有其他學者相繼命名直立行走（homo sapiens）的「北京人」（homo erectus Pekinensis）及出土頭蓋骨化石，在此不贅。

　　安特生最大的考古貢獻還是在中國首次發現彩陶，於《中國先古文化》（An Early Chinese Culture, 1923）一書內提出「仰韶文化」特色。後又提出甘肅「齊家文化」及青海「馬廠文化」數種文化類型，用出土的彩陶及石器駁斥了西方考古早期稱謂中國無石器時代的說法。他的著述還包括有《黃土兒女：

中國史前研究》（*Children of the Yellow Earth: Studies in Prehistoric China*, 1934）
及在 1923、1925、1934 年間分別在古生物化石學刊物如 *Palaeontologia Sinica*
等的報告。

　　據記載，安特生把河南仰韶發掘約3萬件未經修復的陶器和陶片運回瑞
典，於 1926 年在斯德哥爾摩（Stockholm）成立「東方博物館」（Östasiatiska
museet），並以仰韶陶器作為初始館藏。先後七次退還給中國仰韶文物共 1389
件（箱子標誌用瑞典文中國 kina 的 K 及北京的 P 為記認）。他出任第一任館
長，1939 年由另一位瑞典漢學家高本漢（Bernard Karlgren）接任。

　　早年西方歷史考古，多脫離不了以埃及或巴比倫為世界文化中心的傳播
論。安特生在甘肅一帶發現的彩陶較近於當年西亞（其實就是今日的中東）的安諾（Anau），南波斯的俾路支（Baluchistan），現屬東巴基斯坦及南俄羅斯的特利波里（Tripolje）等地新石器時代陶器，遂有仰韶彩陶文化傳自西方之說。後來雖有修訂，但仍堅持新石器晚期，有一支以彩陶為代表的先開發農隊由西向東遷移，並進入黃河流域，結合原有文化而成中國史前新石器時代。

　　安特生還把新石器彩陶時代分為六期文化，並確定分期年代。前三期為齊家期、仰韶期、馬廠期，是「新石器時代的末期，與新石器時代及銅器時代的過渡期」。後三期為辛店期、寺洼期、沙井期，是「紫銅（copper）時代及青銅時代的初期」。

「半坡」變體魚形彩陶（本頁圖）

「廟底溝」魚型彩陶（上圖）
「馬家窯」條紋彩陶壺（左下圖）
「半山」蛙神紋彩陶（右下圖）

「半山」網紋彩陶壺（上圖）
「馬廠」四大圈網紋彩陶（下圖）

1926年李濟在山西夏縣西陰村發掘的陶器，其精細技術遠超越中亞及近東的同類陶器，對於以上分期，早已生疑。中國大陸考古不斷邁進，梁思永、尹達、夏鼐等學者不斷解碼，彩陶文化演變進化已經輪廓清楚、脈胳分明。我們已可證實黃河上游地區的甘肅彩陶發展逾先古五千年，為起源最早最長遠的彩陶藝術，1979年甘肅秦安縣「大地灣」文化又發掘出比仰韶文化更早的彩陶。

仰韶文化繼續發展入魚型紋飾的「半坡」彩陶，最有名就是陝西西安半坡村出土的「人面魚紋盤」、及以變體魚紋、變體鳥紋、人頭型水器的「廟底溝」彩陶。

山西、陝西的仰韶文化進入晚期，彩陶衰落，有一枝以甘肅南部黃河與長江水系相聯區域獨秀群英的馬家窯文化，產生的「馬家窯」、「半山」、「馬廠」三大彩陶類型，紋飾繁複綺麗，造型實用。

「馬家窯」以旋紋為主，器型繁多，更有祭慶樂器用的陶鼓。陶土橙黃，光潔亮麗。另有變型魚鳥紋飾。「半山」彩陶為馬家窯文化在黃河中、上游的鼎盛期，陶質細膩，彩繪絢麗，造型特出，除蛙神外，還儘量利用旋紋擴大圓心旋，加繪網狀或菱格。「馬廠」為馬家窯文化的晚期，繼承「半山」內涵，發展成四大圈旋紋，線條工整細緻，延續長達四百餘年。

「辛店文化」太陽雲彩陶壺

　　馬家窯文化沿河西走廊向西移動，將中原地區文化與西北遊牧地區文化結合，歷時長達一千多年，是彩陶藝術在新石器時代晚期重要的代表里程碑。到了青銅時代的齊家文化，黃河中、下游各文化個體遂以區域分別發展不同時期彩陶風格，「辛店」、「卡約」、「寺洼」均較粗糙。到了「沙井」已是甘肅最後一支彩陶文化，多是游牧民族的炊具或盛乳器。

但是無論仰韶、齊家、或龍山文化，彩陶藝術與器具在新石器時代的崛起與消失，與青銅器具截然兩異，又連接不上戰國陶器或秦漢陶瓷，留下一個千古謎團（enigma），就像早年英國瓷器學者霍浦生（R. L. Hobson）指出「這神祕的彩陶在商代前看來已消失無蹤，對中國陶器發展的影響極少，甚至聲息全無。」（"but this enigmatic painted pottery seems to have disappeared before the Shang dynasty 1766-1122 B.C. and to have had little or no influence on the development of Chinese ceramics." from *Handbook of the Pottery & Porcelain of the Far East*, 1948）。

「沙井文化」陽光鋸齒紋圓型彩陶罐

「卡約文化」曲折紋彩陶

附錄

一個美國陶瓷學者Roxanna Brown
哀婉曲折的故事

布朗攝於西雅圖亞洲藝術博物館 2008

中國大陸自上世紀90年代新窯仿瓷技術精湛,極為逼真,就以青花為例,從元至正到明宣德、甚至晚明天啟到清三代的外貿瓷,真是千山千水,月月不同。

倒是自1986年開始,佳士得在阿姆斯特丹拍賣印尼外海沉船打撈出來乾隆年間(約1752)的「南京船貨」(The Nanking Cargo)貿易瓷,讓人眼睛一亮。海底數百年後的青花瓷器竟栩栩如新,令人驚豔之餘,更覺海洋替戰火亂世、虛偽貪婪世間留下一片乾淨土,幾百年後重新面世,風姿綽約,不減當年。

1992年佳士得又在阿姆斯特丹拍出南中國海沉船康熙年間(約1690)的「頭頓船貨」(The Vung Tau Cargo)青花瓷,青花湛藍、開光花卉、雍容華

貴，無論釉色圖案，都呈現強烈時代風格，讓人大開眼界之餘，鑑賞更上一層樓。

2007 年蘇富比在阿姆斯特丹拍賣雍正年間（約1725）越南沉船打撈的「金甌船貨」（Ca Mau），已經完整呈現出清三代一部分青花外貿瓷的有恆造型、釉色、與圖案風格，雖謂民窯，亦有等級，精緻上品，不遜任何貢京官瓷。

跟著多年來沉船瓷器拍賣：1995 年佳士得在阿姆斯特丹拍賣嘉慶年間的「戴安娜船貨」（沉於1817）、Nagel 拍賣行 2000 年德國拍賣道光年間的「德星」（Tek Sing）陶瓷、同在 2000 年舊金山Butterfields拍出的大量明代越南土製青花「會安」（Hoi An）陶瓷，以及 200 年佳士得在澳洲拍賣出更早明萬曆年間（約1573-1620）在越南外海沉船的廣東潮州民窯陶瓷（Swatow wares）的「平順」（Binh Thuan），其中多有克拉克（kraak）雙鳳瓷盤，詭異生動，真是琳瑯滿目；除了把海洋考古（marine archaeology）帶向另一嶄新的中西貿易研究領域，更把清代民窯青花瓷一部分的整體風格連貫起來。許多隔岸山水的青花構圖，間接也影響了西方青花轉印瓷器（transfer wares）如楊柳雙燕等的圖案設計。

迪沙魯青瓷碗（本頁圖）

這些沉船瓷器都打撈自當年海上絲綢之路的南中國海附近，與東南亞國家貿易往來絲絲入扣。也就如此，讓我注意到近年在馬來半島從事沉船打撈專業的瑞典人史坦‧祖史特朗（Sten Sjostrand）開發的「南海海洋考古公司」（Nanhai Marine Archaeology Sdn. Bhd.）。他在馬來西亞半島兩邊外海搜撈，到目前為止，至少打撈起九艘沉船陶瓷，自釉下彩的長沙窯到元明的龍泉青瓷、克拉克、清代青花瓷與紫砂茶壺均有，其中讓人注目還包括有泰國古代青瓷極具代表性的Sisatchanalai及Sukhothai兩個窯址出產的陶瓷。

史坦住在馬來半島西馬靠南中國海岸小鎮，他對沉船陶瓷的奉獻與熱誠，極是難得。有人訪問時曾有過一段這樣的描述：「走進他的博物館，我為眼前的場面所驚嘆，樓上樓下巨大的房間裡，幾十排木架上，擺滿了青花瓷器，總數應以數萬計，地板上成堆的麻袋裡，也都是瓷器的碎片，還有海底伴隨著瓷

迪沙魯青花碗（本頁圖）　迪沙魯壽字梵文大盤（右頁上圖）　迪沙魯梵文中碟（右頁下圖）

器一起打撈上來的各種貝殼和海洋生物的
殘骸，龐大的場面，令人驚嘆。」

　　我曾向史坦買了一些在柔佛東南附近
迪沙魯（Desaru）海面沉船撈起的青瓷及
青花碗盤。船沉於1840年，與「戴安娜」
號相若，應是嘉慶年間產品，青花釉色晶
瑩光亮，頗為動人。其中更有兩隻壽字及

梵文「嘛呢」大碟（梵文六字真言第一字的「唵」字是不對的）。他又推薦我買一隻泰國 Sisatchanalai 青瓷碗，釉色青翠亮麗，有南亞風味，Sisatchanalai 青瓷根據碳 14 測試，應是 1320-1460 年間的產品。也許是缺高嶺土，胎嫌稍厚。

中國明代永樂後海禁鎖國，時弛時緊，自洪熙到弘治，國力開始衰弱。海外貿易一度中斷，景德、德化等外貿瓷在東南亞市面短缺，因而 15 世紀的泰國青陶瓷器反而大放異彩。洛珊娜・布朗（Roxanna Brown, 1946-2008）2004 年在香港城市大學參與中國文化中心舉辦的「12 至 15 世紀中國外銷瓷與海外貿易國際研討會」內，就曾利用史坦在馬來西亞沉船海底考古一部分資料，提出〈明禁—明缺：東南亞沉船呈現中國外貿瓷短缺的證據〉（"Ming Ban—Ming Gap: Southeast Asian Shipwreck Evidence for Shortages of Chinese Trade Ceramics"）論文，一新專家耳目。

史坦與布朗還合著有《Turiang，一艘在東南亞海域的 14 世紀沉船》（*Turiang, a 14th Century Shipwreck in Southeast Asian Waters*, 2000）、《馬來西亞海洋考古與沉船陶瓷》（*Marine Archaeology and Shipwreck Ceramics in Malaysia*, 2004）。前者借沉船器物，引證磁州窯的釉下彩技術在 14 世紀末已被引進泰國及越南陶瓷，但泰窯尚未臻達難度較大的龍泉青瓷製作。後者從每年自印度洋與東南亞吹來西南或東北的季候風（monsoon）切入帆船海洋貿易，逐章介紹沉船打撈，文字不多，但資料新穎正確，尤其泰國古陶瓷。

布朗畢業於哥倫比亞

泰國 Sisatchanalai 青瓷碗

大學新聞系，越戰時跑去越南當戰地記者，一生對陶瓷痴情陶醉，後來又在新加坡大學及倫敦大學讀完藝術碩士，加州大學洛杉磯分校（UCLA）藝術史系博士。

　　布朗過去在東南亞陶瓷的考古歷練，尤其以泰國、越南、柬埔寨、緬甸等地的專業陶瓷知識，學術領域早已遊刃有餘，博士學位僅錦上添花。她曾任曼谷大學創辦的「東南亞陶器博物館」館長，據台北《中國時報》2007年1月27日報導，此館於1月22日捐贈了六件15世紀的泰國瓷給台北故宮博物院，也是故宮接受國外博物館捐贈的首例。這項捐贈早自2006年7月送抵故宮，經文物預審、初審、複審等流程，12月通過入藏手續。這六件泰瓷主要是為增加目前仍在籌建中、以「亞洲藝術博物館」為定位的故宮南院陣容（其中也包括有台灣收藏家盧鐘雄捐贈一整批五十函巴利文的「貝葉經」，據云他藏貝葉逾萬部，此為題外話）。其來龍去脈是布朗2004年曾在故宮講學一週，了解故宮南院需要，因而回泰後說服創辦人 Mr. Surat Osathanugrah 作此捐贈。

　　2008年9月11日《洛杉磯時報》赫然一篇準備三天連載〈碎片人生〉（"A Life in Shards"）的專題文章——有關布朗死於是年5月西雅圖拘留所的報導。這題目實在取得好，一語雙關，shards 通常就指陶瓷碎片。

　　過去兩年洛城蓋提博物館（The J. Paul Getty Museum）購買賊贓之事，早已鬧得滿城風雨，2008年數月更有聯邦執法人員持手令搜查洛城大小博物館，

泰國 Sisatchanalai 青瓷碗

包括巴莎迪娜的「亞太博物館」、聖地牙哥的「國際民間藝術博物館」、洛杉磯「絲綢之路美術陳列館」及聖他安娜的「寶爾博物館」。看來其中很多問題，出自「絲綢之路美術陳列館」主人古董商人馬克爾夫婦（Jonathan and Cari Markell）。

據《洛杉磯時報》三天的報導，以及布朗弟弟弗雷（Fred）事後在 YouTube 懷念姐姐一生而聲淚皆下的視頻錄影，布朗之死以及她生平，極為曲折。如前所述，她年輕時代為了追尋古代亞洲傳統藝術，越戰時與一批年青美國戰地攝影記者包括普立茲攝影獎得主肯那尼（David Hume Kennerly）、英俊影星埃洛爾‧弗林（Errol Flynn）的兒子桑‧弗林（Sean Flynn）等人一起出生入死。就連現今已退休的美國電視台（ABC）名主持人卡普爾（Ted Koppel）也曾記得當年借用她的 100cc 摩托車而重燃騎機車遨遊之樂。可見當年這批年輕記者暫駐柬埔寨金邊「皇家大飯店」（Hotel Le Royal）之盛況。每次她一有空閒，就騎車四出柬、越等地尋找古窯址為樂，可謂膽大包天。

她後來在新加坡大學藝術系跟隨英國學者韋勒斯（William Willets），翌年再赴倫敦大學東方非洲研究學院取得藝術碩士。1977 年出版《鑑證：東南亞陶器》（*The Ceramics of South East Asia: Their Dating and Identification*, 2nd ed., Oxford University Press, 1988；2000 年更出有平裝版），當時大家對南洋陶瓷一無所知，此書遂成東南亞陶器研究開路先鋒經典，足見布朗獨具慧眼，捨中國而取東南亞一片洪荒未闢的陶瓷研究領域。

也許人太聰穎，70 年代在香港《亞洲藝術》雜誌（*Arts in Asia*）工作時，卻染上毒癮（據云不是迷幻藥，而是鴉片！），1979 年被驅逐離港，前赴泰國，在一所佛寺寄身戒毒，認識了一個短暫修行的年輕僧侶，期滿還俗，倆人共諧連理，兩年後生下兒子哲美（Jaime）。

這段快樂幸福日子並不長久，1982 年布朗於曼谷市區騎機車碰上大車禍，

在醫院裡割截半條腿才保住命。此後丈夫嫌棄，夫離子散。

她隻身搬去泰北的清邁（那兒的古青銅直追中國青銅時代），授課、在酒吧打散工、生活貧苦，一直到 90 年代遷回洛杉磯，此地當時古董業正風起雲湧，她決定重投學術研究，以五十三歲之齡入 UCLA 藝術史系唸博士班。應該就是這段時間，物以類聚，與一批古董商人交往，包括前述的馬克爾夫婦及羅拔‧奧遜（Robert Olson），後者尤以用貨櫃大批進口東南亞文物在洛城販賣最為有名。布朗有時也做一些鑑證工作，簽署文物證書，以她在東南亞陶瓷研究的資歷名氣，自然一言九鼎。

跟著洛杉磯就傳出富商與奸商合作，借高價購買疑為盜掘走私進口的古代東南亞或南美文物（其實未臻或付此價錢），然後將文物轉捐贈給當地博物館，以作逃稅（tax write off）之用。聯邦執法人員調查時，發覺有布朗名字簽署的一些鑑證文件。

2008 年 5 月布朗在西雅圖準備參加華盛頓大學一個研討會前在酒店被捕，跟著在拘留所夜間因腸道潰瘍大量內出血，所方又延到晨早才能送醫，結果竟而身亡。

這是一個美國陶瓷學者哀婉曲折的故事，也是一個美國陶瓷學者被放置在錯誤時間與空間的人間悲劇。一段破片人生，但不是破瓦，是沉船青花，清白亮麗，海浪沙淘，百年不變。

後記：2009年7月8日美國《洛杉磯時報》報導，美國政府賠償US$880,000以終結布朗枉死在聯邦拘留所的訴訟。布朗家人在官司申訴過程指出，六十二歲布朗之死，主要來自聯邦管理人員的「疏忽」（negligence）及「麻木不仁」（callousness）。

國家圖書館出版品預行編目資料

瓷心一片 / 張錯 著.--初版.
-- 臺北市：藝術家，2010.09
192面；17×24公分.--

ISBN　978-986-6565-95-3（平裝）

1.陶瓷　2.藝術評論　3.藝術史
4.文集　5.中國

796.6092　　　　　　　　99015058

瓷心一片——擊壤以歌‧埏埴為器

張錯／著

發 行 人　何政廣

主　　編　王庭玫

編　　輯　謝汝萱

美　　編　張紓嘉

封面設計　曾小芬

出 版 者　藝術家出版社
台北市重慶南路一段147號6樓
TEL：(02) 2371-9692～3
FAX：(02) 2331-7096

郵政劃撥　01044798 藝術家雜誌社帳戶

總 經 銷　時報文化出版企業股份有限公司
台北縣中和市連城路134巷16號
TEL：(02) 2306-6842

南區代理　台南市西門路一段223巷10弄26號
TEL：(06) 261-7268
FAX：(06) 263-7698

製版印刷　新豪華彩色製版印刷股份有限公司

初　　版　2010年9月

定　　價　新台幣360元

I S B N　978-986-6565-95-3